당신은 옳고, 내가 틀리다
건강하고 사랑스러운 파트너십은 우
연히 생기는 것이 아니기 때문에

You're right, I'm wrong

Because a healthy partnership full of love does not come by chance

당신은 당신의 연인을 행복하게 만드는 것에 대해 무지하거나 그들이 무슨 생각을 하는지 궁금합니까? 그들이 왜 그 작은 일에 그렇게 화를 내는지 모르겠고 여러분들이 연인들을 행복하게 해줄 방법이 없다고 생각할 정도여서... '저는 저 사람을 행복하게 만들 자신이 없어, 그런데 시도는 왜 해?'라는 생각이 들 정도이신가요?

여기에 간단한 테스트가 있습니다. 연인을 화가 나서 침실로 가서 문을 잠급니다. 당신은 이때 어떤 행동을 해야합니까?

A.   화가 풀리도록 그냥 그대로 둔다
B.   문을 두드리고 사과한다.

A를 선택했다면 이 책을 받으세요.

정답은 B입니다. 문을 두드리고 사과하세요. 하지만 당신은 틀리지 않았습니다! 당신이 옳다고 확신하면서 왜 사과를 합니까? 대답은 간단합니다. 연인과 같은 입장이 아닌 것에 대해 사과하는 것입니다. 사과하지 않으면 자신의 집에서 불행하게 살게 될 것입니다. 당신과 당신의 연인이 다시 이야기를 시작할 수 있도록 사과하십시오. 다시 이해. 그리고 행복한 삶과 파트너십을 이어갑니다. 이 책은 즐겁고 행복한 삶을 사는 것에 관한 모든 것입니다.

행복에 대한 네 가지 욕구를 발견하게 될 것입니다. 당신은 또한 연인의 행복에 대한 네 가지 욕구에 대해서도 배우게 될 것입니다. 네 가지 실수, 연인이 겪게 될 네 단계, 그리고 한 번도 배운 적이 없는 네 가지 교훈을 통해 관계가 어떻게 나빠지는지 배우게 됩니다. 그리고 눈을 뜬 후에는 건강한 관계에 중요한 4가지 기둥을 수리할 수 있는 16가지 일일 도구를 사용할 수 있습니다.

이 책의 조언과 통찰력은 싱글들이 친구들을 행복하게 하는 방식으로 새로운 관계에 접근하는 데 도움이 될 수 있습니다. 방해가 되는 어리석은 게임을 모두 건너뛸 때가 되지 않았습니까? 현재의 관계가 개선될 수 있다고 느끼든 새롭게 시작하든 관계없이 이 책은 관계에 대한 접근 방식을 수정하도록 설계되었습니다.

당신은 옳고, 제가 틀리다

이 책은 훌륭한 파트너십에 관한 모든 것이 들어있습니다. 그것은 당신의 관계에 독특한 접근 방식을 취합니다. 파트 1은 연인 관계가 어떻게 나빠졌는지 이해하는 데 도움을 주는 것으로 시작합니다. 이를 통해 한 걸음 물러서서 파트너십의 유사점과 연결할 수 있습니다. 이 부분의 목표는 자신도 모르는 사이에 어떻게 문제를 일으켰는지 이해하여 문제를 해결할 수 있도록 돕는 것입니다.

파트 2는 연인 관계가 나빠진 이유를 이해하는 데 도움이 됩니다. 여기에서 연결이 끊어진 원인을 확인하기 시작합니다. 당신은 당신의 행동이 연인에게 어떤 영향을 미치는지 조명하여 새로운 방식으로 행동을 보기 시작할 것입니다. 연인 관계를 수정하는 방법과 이유를 이해하면 절반은 이미 완성입니다.

파트 3은 관계를 재설정하는 것이기 때문에 가장 중요합니다. 여기에는 파트너십을 수정하기 위한 단계별 접근 방식과 이를 위해 필요한 16가지 도구가 있습니다. 이 책을 읽으면 연인 관계에서 무엇을 수리해야 하는지, 더 중요하게는 어떤 도구가 이를 고칠 수 있는지 이해하게 될 것입니다.

이 책을 읽은 후에는 통합 문서를 다운로드하는 것이 좋습니다. 16개의 추가 도구와 복잡한 "수화물 도구" 항목에 대한 보너스 부분을 받게 됩니다. 마스터 클래스입니다.

이 책은 모든 성별과 파트너십에 적용할 수 있도록 주의 깊게 작성되었습니다. 이 책은 이미지를 제외하고 어떤 성별에 국한되지 않습니다. 책을 읽다 보면 그 책에서 자신이 맡은 역할이 무엇인지 알게 될 것이다. 문제인 줄도 몰랐던 연인 관계에 영향을 미치는 일상적인 문제에 대해 배우게 됩니다. 이 책의 뒷부분에서 이 모든 것이 어떻게 서로 연결되는지, 더 중요하게는 각 연인이 건강한 파트너십을 위해 서로에게 어떻게 의존하는지 알게 될 것입니다.

헌신과 감사

먼저, 이 책을 완성하고 바로잡기 위한 여정을 동안 저를 지지해 주신 제 인생의 사랑에게 감사드립니다.

내 남자 사람 친구들에게: 짐 페리스, 존 패티슨, 레온 조니 해리스, 론 버크하트, 마이클 토드 등 제가 공유할 수 있었던 당신의 이야기와 경험에 대해 감사드립니다.

책에 대한 관점을 제공한 훌륭한 가족과 친구들에게 – 감사합니다! 조애니 페어, 케이시 피셔, 레인 해그스트롬, 아론 이아넬로, 도나 맥캔 싸이디, 데이비드 파이퍼, 에일린 네이.

내용물

저자 소개

제프 마리넬리...

제프 마리넬리는 더 나은 파트너십을 구축하기 위해 노력하는 누구에게나 희망, 출판사, 자선가, 기업가 등의 가장 친한 친구를 둔 작가입니다. 그는 자신이 심리학자가 아니라고 처음으로 말했습니다. 그는 개인 및 전문 분야의 깊은 경험을 통해 배웠고 이제 당신은 옳고, 내가 틀렸다에서 그 통찰력을 공유합니다. 아트 앤드 리빙 매거진 (Art and Living Magazine)의 설립자/출판자로서 제프는 2005년부터 삶을 풍요롭게 하는 청중과 제작자를 연결해 왔습니다. 아트 앤드 리빙 자선 단체 (Art and Living Charitable Foundation)의 설립자로서 제프는 매력적인 경험을 통해 학생들을 예술에 더 가깝게 만듭니다. CEO의 파트너로서 제프는 회사 생활의 높은 스트레스를 경험했으며 파트너십을 테스트하고 더 강력하게 만드는 방법을 알고 있음을 보여주었습니다.

아티스트 소개

곤잘로 두란

곤잘로 두란은 국제적인 팔로워를 보유한 Angeleno 아티스트입니다. 멕시코에서 태어난 그는 어린 시절 미국으로 이민을 갔고 Otis Art Insti-tute와 Chouinard Art School에 다니기 전에 East L.A.에서 자랐습니다. 그는 북아메리카와 중앙 아메리카의 마크 샤갈로 불렸다. 그의 훌륭하고 때로는 놀라운 팔레트는 그의 무한한 상상력을 보완합니다. 그는 캘리포니아 베니스의 집에서 아내이자 예술가인 체리 판과 함께 모자이크 타일 하우스를 운영하고 있습니다.

곤잘로는 이 책에 기록된 대로 살기 때문에 이 책에 완벽한 예술가였다. 그가 알다시피, 그의 연인이 행복하면 그는 행복합니다. 곤잘로는 그의 작품을 통해 책의 시각적 이야기를 전하고 그의 작품은 독자에게 선물입니다.

어떻게그렇게나빠졌어

파트 1: 파트너십이 여기까지 온 이유와 방법

현실을직시하자

1장: 사실
당신을 행복하게 만드는 것은 연인의 일이 아닙니다.
행복은 내면의 일입니다.

당신은 훌륭한 파트너이지요? 물론 그렇습니다. 그렇다면 왜 이 책이 필요한가?

솔직해집시다. 당신은 당신이 할 수있는 최선을 다한 훌륭한 연인입니까? 아니면 당신의 연인을 행복하게 하는 것이 무엇인지, 무엇을 생각하고 있는지, 또는 당신이 보기에 작은 것을 좋아하는 것처럼 보이는 것에 왜 그렇게 화를 내는지에 대해 조금도 모릅니까? 당신이 시작한 동화 같은 삶이 지금은 어렵고 복잡하고 끝이 없고 감사하는 일이 없는 것처럼 느껴지나요?

현실은 우리 대부분이 연인을 행복하게 만드는 것이 무엇인지에 대한 많은 생각 없이 파트너쉽에 들어갔다는 것입니다. 우리는 훌륭한 삶을 제공하기 위해 열심히 노력하면 다 된다고 생각했고 연인이 어떻게 불행해질 수 있냐고 생각했습니다. 그러나 가끔 당신의 연인이 만족할 수 있는 방법은 절대 없을 것 같다는 생각이 듭니다.

결국 대부분의 사람들은 함께 행복하기를 원합니다. 서로 나눌 수 있다는 것과 교제를 믿고 싶어합니다. 복잡하지 않고 열심히 일하고 노는 방식의 재미를 원합니다.

이 책은 당신의 연인과 더 이상 허튼 소리 없이 멋진 삶을 사는 것에 관한 것입니다. 연인이 사랑에 빠진 사람을 기억하여 연인이 그 감정을 다시 경험할 수 있도록 하는 것입니다.

이렇게 하려면 먼저 관계를 진행시키는 요소를 이해해야 합니다. 이 책은 당신이 그 지뢰밭을 안전하게 지나갈 수 있도록 모든 최선의 방법으로 훌륭한 파트너십을 가질 수 있도록 안내할 것입니다. 강력하게 연결되고, 재미와 정직을 공유하고, 물론 사랑으로 가득 차 있습니다.

이 책은 당신의 필요를 충족시켜주고 그들의 요구를 쉽게 충족시킬 수 있는 연인을 가질 자격이 있는 사람에게 도움이 될 것입니다. 연인과의 유대감을 잃었다면 이 책이 필요합니다. 연인 관계가 좋지 않거나 훨씬 더 좋아질 수 있다는 것을 안다면 이 책이 필요합니다.

연인과 함께 매일 많은 활동을 하게되는 부분이 있습니다. 어떻게 대처하느냐가 핵심입니다. 당신의 파트너쉽은 평범한 날에는 콧노래를 흥얼거립니다. 하지만 비정상적인 날이나 예상치 못한 문제가 발생하면 어떻습니까?

연인을 화나게 만드는 중요한 요소를 찾아내어 함정과 문제점을 파악할 수 있습니다. 그들을 보면 스트레스로 반응하지 않고 관심과 사랑으로 반응할 수 있습니다. 이 책은 문제를 해결하고 연인과 효과적으로 의사 소통하기 위한 올바른 선택을 안내합니다. 복잡하지만 불가능한 것은 아닙니다. 방법과 이유를 알려드리겠습니다.

저는 종종 커플들이 "아, 우리는 이런 저런 문제로 약간 다투는데, 어떤 커플들이 안 그런가? 이 책이 어떻게 나에게 도움이 될 수 있을까?" 라는 생각이 드시고 읽어보시면 이해가 되실 겁니다.

당신의 삶에 대한 사랑이 없는 삶은 삶이 아닙니다.

효과가 있는 것을 연습하기 위해 기억하기

저는 심리학자가 아닙니다. 저는 다년간의 실제 생활 경험을 통해 강력한 파트너십을 구축하는 방법을 배운 사람일 뿐입니다. 저는 이 간단한 조언이 유용하다고 생각한 친구들과 공유했습니다. 이제 저는 그것을 당신과 공유하겠습니다.

이 책은 이론적인 성찰이 아닙니다. 실생활에서 가져온 일상적인 예와 함께 실용적이고 쉽게 읽을 수 있습니다. 관계를 회복하기 위해 누구나 갈 수 있는 길입니다. 이 책에 설명된 많은 경험은 이미 알고 있지만 실행에 옮기는 것을 잊어버린 것을 상기시켜 줄 것입니다. 또는 이런저런 이유로 손이 닿지 않는 부분에서 알고 있는 것을 상기시켜 줍니다.

인류학자 로렌 아이즐리(Loren Eiseley)의 다음 이야기를 들어보셨을 것입니다. 제가 이 책을 쓴 이유에 대한 완벽한 비유입니다.

어느 이른 아침, 큰 폭풍이 지나간 후 한 노인이 해안을 따라 걷다가 눈으로 볼 수 있는 한 양방향으로 뻗어 있는 불가사리로 가득한 광활한 해변을 발견했습니다. 멀리서 노인은 어린 소년이 다가오는 것을 알아차렸습니다. 그 소년은 해변을 따라 걸을 때마다 종종 멈춰 서서 몸을 굽혀 바다에 던질 물건을 집어 들었습니다. 소년이 다가오자 남자는 "좋은 아침이에요! 뭐하시는지 여쭤봐도 될까요?"

소년은 고개를 들어 "불가사리를 바다에 던졌다. 밀물이 그들을 해변으로 몰아냈고, 그들은 스스로 바다로 돌아갈 수 없습니다. 해가 뜨는데 물에 불가사리를 던지지 않으면 죽을거예요."

노인은 "하지만 이 해변에는 수만 마리의 불가사리가 있을 것입니다. 별로 차이가 없을 거예요."

소년은 몸을 굽혀 또 다른 불가사리를 집어 바다에 최대한 멀리 던졌습니다. 그런 다음 그는 몸을 돌리고 미소를 지으며 말했습니다 "제가 방금 차이를 만들었어요.".

당신의 힘

당신은 옳고, 제가 틀리다는 관계 회복을 주도할 수 있는 힘이 당신에게 있다는 생각에서 시작됩니다. 예, 관계는 두 가지가 필요하지만 한 사람의 행동이 가진 긍정적인 힘이 모든 차이를 만들 수 있습니다. 관계 문제를 다른 사람 탓으로 돌리는 것은 너무 쉽습니다. 가만히 앉아서 상황이 원점으로 돌아오기를 기다리는 것은 너무 쉽습니다. 하지만 당신이 생각하는 것보다 더 많은 힘을 가지고 있습니다.

당신이 관계에서 반석이라는 믿음으로 시작하십시오. 저는 제 삶에서 "행복한 아내, 행복한 삶"이라는 현명한 속담을 믿습니다. 저는 CEO 출신이고 성과를 위해 노력하는 여성과 결혼했습니다. 그녀는 직장과 가정 모두에서 자신의 기대에 대해 정확히 알고 있습니다. 저는 그녀의 요구가 먼저 충족되었는지 확인하는 방법을 배우고 숙달했습니다. 그제서야 저는 우리 관계에 대해 걱정할 필요 없이 일, 취미, 그리고 이 책에 집중할 수 있다. 저는 내 인생에서 아제가 스트레스를 받지 않도록 하는 것이라고 농담을 합니다. 하지만 그녀가 스트레스를 받지 않을 때는 나도 마찬가지로 스트레스를 받지 않는다고 확신합니다.

이 글을 읽을 때 열린 마음을 가지세요. 당신과 관련된 것에 집중하세요. 아이디어를 실행에 옮기십시오. 당신은 당신의 관계가 더 좋게 변하는 것을 보게 될 것입니다.

이 책은 관계가 확립된 사람들만을 위한 것이 아닙니다. 독신들이 친구들이 행복하게 새로운 관계에 접근하는 데 도움이 될 수 있습니다. 방해가 되는 어리석은 게임을 모두 건너뛸 때가 되지 않았습니까? 현재의 관계가 개선될 수 있다고 느끼든 새롭게 시작하든 관계없이 이 책은 관계에 대한 접근 방식을 수정하도록 설계되었습니다. 연인과 함께 최고의 삶을 누릴 자격이 있지 않습니까?

포
실수

무시또는무시

자격이있
다는느낌

잘못된기대

거짓말과비밀

2장: 연인과 함께 할 때 하는 네 가지 실수

관계는 한 번의 큰 폭발로 인해 실패하지 않습니다. 우리의 관계는 우리가 주의를 기울이지 않을 때 매일 조금씩 죽습니다. 별 것 아닌 것처럼 보일 수도 있는 네 가지 실수를 매일 보게 됩니다. 그러나 시간이 지남에 따라 그런 행동의 결과가 쌓여되어 파트너십을 황폐화시킬 수 있습니다.

더 깊이 들어가기 전에 각 실수에 대한 개요는 다음과 같습니다.

1. 연인을 무시하거나 무시하는 것

이것은 대부분의 사람들이 알고 있거나 인정하는 것보다 더 자주 발생합니다. 연인을 무시하는 것은 관계가 위험해질 때까지 미묘하게 시작되며 연인이 동반자 관계에는 의사 소통, 친밀감, 사랑 및 존재가 필요하다는 것을 무심코 잊어 버립니다.

어떤 모습일까요? 당신은 긴 한 주와 주말에 일하고 연인은 "저녁 먹으러 가자"고 말합니다. 당신은 피곤하고 그냥 쉬고 싶다고 말합니다. 그런 다음 친구가 전화를 걸어 게임 티켓이 두 장 있다고 말합니다. 당신은 연인에게 피로를 풀어야 한다고 말하고 게임을 하러 갈 것입니다. 이것은 당신이 연인과 함께해야 한다는 필요성을 무시하는 것입니다.

2. 자격

당신은 특별 대우를 받을 자격이 있거나 특정 책임에서 면제받을 자격이 있다고 생각하십니까? 규칙이 당신을 제외한 모든 사람에게 적용됩니까? 자격에 대한 태도는 일부 분야에서 경쟁 우위가 될 수 있지만 연인과의 강한 유대감을 약화시킬 수 있습니다.

어떤 모습입니까? 당신의 연인은 식료품을 들고, 저녁을 만들고, 설거지를 하고, 당신에게 쓰레기를 버리라고 요청합니다. 하지만 당신은 잊어버립니다. 다른 할 일이 있고, 당신은 바쁩니다(TV 시청, 달리기, 친구와 대화, 소셜 미디어 피드 확인). 다른 사람은 할 수 없나요? 그것이 권리입니다. 이것이 왜 실제로 문제가 되는지 알 수 있습니까?

3. 한 가지만 말하고 다른 일을 하라

그런 다음 무너지는 기대치를 설정하면 연인이 좌절감을 느끼고 잊혀질 수 있습니다. 그것은 당신이 정말로 기꺼이 하거나 관계에 있는 것에 대해 스스로에게 거짓말을 하는 방법입니다. 당신이 지속적으로 신뢰할 수 없다면 왜 연인이 당신의 말을 믿어야 합니까?

어떤 모습입니까? "한 시간 후에 집에 갈게"라고 말하고 3시간 후에 나타납니다. 변명이 (그리고 우리는 당신이 하나를 가지고 있다는 것을 압니다)괜찮든 아니든, 당신은 여전히 기대를 하게하고 그것을 깨뜨렸습니다. 또는 "이번 주말에 아이들 방을 칠할 거예요."라고 말하면 6개월이 지난 후에도 페인트 통이 차고에 그대로 놓여 있습니다. 이것은 파트너십이 아닙니다. 당신은 나쁜 룸메이트가 된 것입니다.

4. 거짓말과 비밀

선의의 거짓말과 작은 비밀은 건강한 관계에 독이 됩니다. 그들은 왜 당신의 연인에게 그렇게 큰 문제입니까? 연인이 당신을 믿기 때문입니다. 그들은 당신이 완전히 정직하고 모든 것을 공유해야 하는 유일한 사람이어야 합니다. (많은 주에서 배우자에 대해 증언하는 것이 자유롭기 때문에 법원에서도 그렇게 생각합니다.) 거짓말과 비밀은 큰 문제입니다. 거짓말과 비밀은 의심과 두려움을 불러일으키는 의심의 쐐기를 열어주기 때문입니다. 얼마나 많은 다른 거짓말이나 비밀을 지켰습니까? 쌓여서 위기인가? 이 걱정의 핵심에는 사랑하는 사람이 더 이상 알지도 못하는 사람으로 변했다는 파트너의 두려움이 있습니다.

어떤 모습입니까? 가족 구성원이 계속해서 당신에게 돈을 요구하고, 당신과 당신의 연인은 당신이 그에게 돈을 줄 여유가 없다는 것을 알고 있습니다. 그러던 어느 날 전화가 왔고 그 가족이 당신에게 마지막으로 한 번 더 요구합니다. 많은 돈이 아니니 큰 문제는 아니겠죠? 당신은 그 말을 듣고 연인에게 말하지 않기로 결정합니다. 몇 주가 지나면 연인이 알게 되고 잃어버리게 됩니다.

이제 이 네 가지 실수의 진정한 복잡성과 영향, 그리고 이것이 파트너십에 어떤 영향을 미치는지 살펴보겠습니다. 이것은 파트너십의 롤러코스터이며, 이러한 실수가 왜 그렇게 큰 하락을 초래할 수 있는지 알게 될 것입니다.

실수 1: 연인을 무시하거나 무시

연인이 무시당했다고 느낄 때는 그들의 요구가 충족되지 않습니다. 연인이 항상 감사하고 필요하다고 느낀다면 좋지 않을까요? 저는 그들이 삶에서 당신을 돌보기 때문에 "필요"를 의미하지 않습니다. 당신이 그들을 위해 있기 때문에 필요합니다. 내 말은 당신의 연인이 당신이 그들에게 미쳤다는 것을 알고 있다는 것을 의미합니다. 단지 필요할 뿐만 아니라 원하는 것을 느끼는 것입니다. 당신의 인생이 그들을 중심으로 돌아간다고 느끼는 연인은 결코 무시당한다고 느끼지 않을 것입니다. 즉, 연인은 사랑받고 인정받고 있다고 느끼며, 당신은 연인에게 관심과 지원을 보여줍니다.

가족, 친구, 건강, 취미, 스포츠, 아이, 직장 등 일상 생활에서 발생하는 많은 문제가 있습니다. 한 연인에게 관리를 맡기면 이러한 활동에 소요되는 시간과 관심은 다른 연인을 떠날 수 있습니다. 무시당하는 느낌. 하지만 실수하지 마세요. 태만은 너무 많이 선택하든 너무 적게 선택하든 선택에서 비롯됩니다. 최종 결과는 시간과 관심이 연인과 균형 잡힌 방식으로 공유되지 않는다는 것입니다. 그러면 연인이 관심을 갖는 일을 처리하는 것보다 시간이 더 중요하다고 생각하는 것 같습니다. 그들은 당신의 우선순위를 이해하지 못합니다. 당신은 그들을 이해하지 못합니다. 왜 그렇게 큰 문제입니까? 왜 그들은 그것을 처리하지 못합니까? 이러한 태도는 방치의 분위기를 조성합니다.

기억하십시오. 무관심은 관계에서 서서히 자라날 수 있지만 그것은 당신이 매일 내리는 선택에서 비롯됩니다. 그런 선택을 했다면 다시 생각해 볼 때입니다.

방치는 어떤 모습입니까?

가족과 관련하여 의견 충돌이 있을 때 파트너의 편보다 가족 편을 드십니까? 휴일이나 행사가 있을 때, 가족을 만족시키기 위해 연인이 원하지 않는 일을 하도록 강요합니까? 당신은 종종 가족 문제로 연인과 의견이 맞지 않고 연인이 모든 것을 예상보다 어렵게 만든다고 생각합니까? 배우자보다 가족과 더 많은 시간을 보내십니까? 하면 이는 방치와 마찬가지 입니다.

친구는 어떻습니까? 친구와 필요 이상으로 파트너에 대한 정보를 더 많이 공유합니까? 당신의 친구는 당신의 연인이 원하는 것 이상입니까? 당신은 당신의 친구가 당신의 도움이 필요한 때라고 생각합니까? 당신의 연인은 당신이 친구들과 너무 많은 시간을 보낸다고 비난합니까? 이 중 하나라도 해당되면 방치입니다.

취미, 비디오 게임, 판타지 축구, 스포츠와 관련하여 연인에게 "시간이 조금 더 필요해요"라고 말하는 자신을 발견하십니까? 파트너도 이러한 활동에 참여하면 좋지만 그렇지 않은 연인은 어떻습니까? 모든 자유 시간이 이러한 활동과 관련되어 있습니까? 일요일 아침에 연인에게 커피나 아침을 먹습니까? 아니면 어제의 점수와 오늘의 일정을 보면서 좋아하는 스포츠 채널을 TV 앞에서 보고 있습니까? 좋아하는 팀의 모든 통계는 알고 있지만 파트너의 생일이나 기념일을 잊어버리셨습니까? 이것은 방치입니다.

자녀가 있는 경우 공정한 몫의 일을 해냅니까? 같은 부모가 항상 아이들을 학교에 데려다 주는 경우가 얼마나 많은지 놀랍습니다. 오늘날과 같은 시대에 아이들을 돌보는 것은 50/50이라고 생각할 수 있지만 오, 아니요! 음악 연습, 축구 경기, 수영 대회, 숙제를 위해 데리러 오는 것과 같은 방과 후 활동을 할 수 있습니까? 이러한 활동에 대해 어떻게 평가하십니까? 항상 가능하거나 MIA입니까? 연인이 항상 모든 것을 처리한다고 자동으로 가정하면 연인을 무시하는 것입니다.

당신은 당신의 연인을 위해서 멈추고 문제가 있을 때 당신의 연인이 이야기하게 합니까? 이를 위해서는 실제로 바쁜 일정에서 시간을 내어 연인을 위해 모든 것을 보류해야 합니다. 당신은 당신이 너무 바쁘고 그들이 중요한 할 말이 없으면 시간 낭비라고 생각합니까? 이것이 당신이 느끼는 방식이라면 당신은 당신의 연인을 소홀히 하고 있는 것입니다.

일을 너무 많이 합니까? 직장과 가정 생활의 경계를 설정하는 데 문제가 있습니까? 일 때문에 파트너의 생일 저녁 식사를 소홀히 한 적이 있습니까? 이것은 방치하는 것이나 마찬가지 입니다.

당신이 연인과 함께 집에 있을 때, 그들은 깨어 있고 준비가 된 당신보다 오히려 당신을 지치게 합니까? 주말이 긴장을 풀기 위한 다운타임이고 귀찮게 해서는 안 된다고 생각하십니까? 연인이 남은 음식만 먹고 있는지 자문해 보십시오. 그런 경우 연인이 무시당했다고 느낄 수 있습니다.

중독이나 우울증과 같은 문제가 있거나 과거의 트라우마로 고통 받고 있습니까? 좋은 날과 나쁜 날이 있고, 바쁜 주와 판타지 축구 또는 취미에 보내는 시간이 추가되면 연인을 위해 남은 양질의 시간이 많지 않습니다. 요구 사항이 너무 많으면 연인을 소홀히 하게 됩니다.

당신의 연인이 항상 화를 내고 있다고 생각하십니까? 아마도 당신의 연인은 예전처럼 당신의 바쁜 일정에 로맨스나 친밀감을 짜내고 싶어하지 않아서 일 것 입니다. 벌을 받는 것처럼 느껴지고 이유를 알 수 없습니까? 연인에게 무슨 문제가 있는지 궁금하다면 무시하십시오.

너무 바빠서 연인을 소홀히 하기 쉽고, 당신은 그것을 인식조차 하지 못합니다. 주의를 기울이고 있었다면 연인이 무시당하고 무시당했다고 크고 명확하게 느끼는 징후를 얻었을 것입니다. "휴대전화를 테이블에 가져오지 마세요." 또는 "노트북을 침대에 가져오지 마세요." 또는 "잘 시간입니다. TV를 꺼주세요." 또는 "오늘 밤 일찍 집에 오세요. 기념일이야" 그리고 "좀 더 도와주세요"? 듣기가 쉽지 않습니다. 다른 일에 몰두하고 바쁘게 지내는 것이 더 쉽습니다. 잠시 후 연인은 묻지 않을 것입니다.

저는 대부분의 연인이 합리적이며 인정하고 싶은 것보다 훨씬 더 많은 자유를 제공한다고 믿어야 합니다. 하지만 솔직히 말해서, 당신은 대부분 너무 바빠서 얼마나 공을 떨어뜨리고, 파트너의 요청을 차단하고, 변명을 했는지에 대해 단서가 없습니다.

당신의 연인이 왜 항상 그렇게 화를 내는 것 같다가도 지는지 궁금하신가요? 이미 충분히 겪었기 때문입니다.

그들이 그것을 잃을 때만 당신은 당신의 연인을 위해 속도를 늦추고 약간의 보살핌을 시작합니다. 위기가 끝나면 똑같은 나쁜 습관으로 돌아간다. 그래서, 당신은 어떤 종류의 파트너입니까? 당신은 능동적 또는 수동적 파트너입니까? 당신은 파트너의 감정적 필요를 충족시키고 거기에 있습니까? 얼마나 자주 직장에서 집에 돌아와서 소파에 몸을 기대고 TV를 켜고 외출을 합니까? 아니면 집에 와서 연인이 필요로 하는 것을 돌보나요?

당신의 연인이 당신이 그들에게 미쳤다고 생각하고, 사랑하고, 그들이 놀랍고 필요하다고 생각해야 하는 것은 자연스러운 일입니다. 인간의 본성입니다. 당신의 연인은 당신에게 평생을 걸었습니다. 당신은 그들의 선택이었습니다. 그래서, 당신은 연인이 올바른 선택을 했다는 것을 보여주는 방식으로 연인을 돌보고 있습니까?

이러한 실수가 오랫동안 지속되어 왔다면 관계 쇠퇴의 4단계 중 하나 또는 모두를 촉발한 것입니다. 다음 장에서 이러한 단계에 대해 배울 것입니다. 이 단계는 연인을 처음 만났던 사람에서 더 이상 연인이 되고 싶지 않은 사람으로 바꿀 수 있습니다. 연인을 무시하고 무시할수록 감정을 보호하기 위해 더 많이 변할 것입니다. 그것이 제가 당신이 문제의 근원에 있다고 말하는 이유입니다. 눈을 뜨고 나면 상황을 바로잡기 위해 선택을 바꿔야 할 때입니다. 그렇지 않으면 어느 날 잠에서 깨어나 파트너라고 부르는 사람을 알아보지 못할 수도 있습니다.

행동을 취하십시오: 참여하십시오
방치의 과정을 어떻게 되돌릴 수 있습니까? 작은 일을 보고 매일 하십시오.

파트너 커피를 가져와 아침을 시작하십시오. 연인이 집에 도착했을 때 문 앞에서 와인 한 잔으로 인사를 하거나 저녁 식사를 준비하여 연인에게 더 나은 하루를 보내십시오. 사람들이 개를 좋아하는 이유를 아십니까? 집에 도착하면 꼬리를 흔들며 반갑게 인사하고 키스하는 모습을 보면 반가워하기 때문입니다. 당신은 내 요점을 이해합니까? 집에 있으면 참여하십시오!

컴퓨터도, 전화도, 문자도 없습니다. 연인에게 더 자주 그리워한다고 말하십시오. 아이들과 좋은 시간을 보내고, 설거지를 도와주고, 재미있는 할 일 목록을 만들고, 아이들의 숙제를 돕고, 함께 TV 시간을 보내세요. 이것은 그들이 보고 싶은 것을 보기 위해 리모컨을 넘겨주는 것을 의미합니다. 일대일 대화 시간을 만들고 참여하십시오. 하루에 10분만 긴장을 풀고 하루 일과에 대해 이야기하게 하세요.

당신의 연인이 사랑받고, 근거 있고, 연결되어 있다는 느낌을 주는 데 도움이 되는 10분 도구를 보려면
http://www.당신은옳고내가틀리다.kr
으로 이동하십시오.

솔루션: 균형 잡힌 파트너십
당신의 인생에서 두 파트너 모두 책임을 공유하고 서로를 지원하는 특권을 가집니다. 많은 사람들이 비즈니스에서 팀워크를 배웠고 이러한 기술은 가정에서 적용할 수 있습니다.

사랑하는 관계에서 지지를 받으려면 파트너의 삶의 정서적 무게를 견디면서 자신의 스트레스를 처리해야 합니다. 아름다운 것은 사랑, 애정, 이해가 보답될 때 관계가 성공을 위해 세워진다는 것입니다. 대화로 연결됩니다. 그 대가로 연인은 제정신을 유지하고 더 의미 있는 유대를 형성하며 그 대가로 당신의 필요를 처리하기 위해 노력합니다. 당신이 노력할 때, 당신의 연인은 당신이 지지를 받고 있다는 확신을 느낍니다. 그것이 파트너십입니다. 그냥 받는 것이 아니라 주고 받는 것입니다. 파트너의 압력과 축하를 공유하면 친밀감이 형성됩니다. 균형 잡힌 삶에 더 가까이 다가가게 될 것입니다. 일정 때문에 판타지 풋볼을 할 수 없거나, 아이들을 위해 우유를 사러 아침 7시에 뛰쳐나와야 하거나, 연인이 당신을 필요로 해서 일찍 퇴근해야 한다면 그렇게 하십시오. 목표는 균형 잡힌 파트너십을 만드는 것입니다.

실수 2: 자격

평등의 정의는 특히 지위, 권리 및 기회에서 평등한 상태입니다. 따라서 질문은 다음과 같습니다. 파트너십에 자격이 있습니까? 당신이 당신의 파트너보다 더 많은 돈을 벌면 당신이 그들에게 주는 것보다 더 나은 대우를 받을 자격이 있다고 생각합니까? 당신은 당신의 파트너보다 더 열심히 일하거나 더 많은 휴식이 필요하다고 생각합니까? 연인이 당신을 돌보는 일을 하면서 집에 있어야 합니까?

당신의 연인이 당신이 사랑하고 열심히 일하는 모든 위대한 일을 돌보고 있는데도 당신은 그렇게 하지 않는다면, 당신은 연인을 당연하게 여긴다는 가능성이 높습니다. 그러나 누가 당신에게 당신의 연인을 동등하게 돌보는 것에 대한 무료 패스를 주었습니까?

당신의 파트너쉽에서 논쟁이 표준보다 더 많이 일어나고 있습니까? 그렇다면 그 주장이 무엇에 관한 것인지 깊이 파고들 필요가 있습니다. 너무 많은 돈을 쓰는 것에 관한 것입니까? 아니면 집에 온 적이 없습니까? 아니면 충분히 도와주지 않습니까? 자신의 업무 스케줄뿐만 아니라 파트너의 스케줄도 살펴봐야 하는 것이 현실입니다. 연인이 한 주 동안 일을 하고 있다면 가정 활동에 더 많이 참여해야 합니다. 당신이 더 오래 일한다면 파트너도 똑같이 해야 합니다. 연인이 힘든 시간을 보내고 집에 와서 대부분의 집안일이나 집안일을 하는 것은 불공평합니다. 이것은 자격이며 문제이며 중단해야 합니다.

당신이 가족의 가장이라고 가정해 봅시다. 좋습니다. 진짜 질문은, 당신은 당신의 연인을 존중합니까? 귀하는 모든 주요 결정이 귀하 또는 연인 관계로 함께 이루어진다고 생각하십니까? 당신이 모든 결정을 내린다면, 여기에서 평등은 어디에 있습니까? 어떻게 공정합니까? 어떻게 될 수 있습니까? 중요한 결정을 모두 내려야 한다고 1분 동안 생각하면 결국 원망으로 가득 찬 연인이 될 것입니다.

이것이 당신의 상황이고 당신의 연인이 그것에 대해 괜찮다고 생각한다면, 당신을 위한 소식이 있습니다. 당신은 자신을 속이고 있습니다. 모든 연인은 경청하고 존중받을 필요가 있습니다. 이것은 당신이 얼마나 강력하거나 얼마나 많은 돈을 버는가에 관한 것이 아닙니다. 그들은 단순히 신경 쓰지 않습니다. 집에서 당신은 파트너일 뿐입니다. 파트너들은 진짜 당신을 알고 있습니다. 올바르게 만들고 동등한 파트너십을 유지하십시오. 연인이 당신만큼 열심히 일하지만 여전히 그 자격 카드에 대해 확고한 이해를 유지하고 있는 상황에 대해 공정한 것은 무엇입니까? 50/50 파트너십은 어디에 있습니까? 거래가 잘 안 된 것 같습니다.

당신의 뇌에서는 동시에 수십 가지 일이 일어나고 있을 수 있습니다. 그것은 일, 주말 계획, 축구, 골프 또는 가족의 압박일 수 있습니다. 당신은 너무 바빠서 플레이어에 대한 통계를 볼 수 있는 유일한 시간은 당신이 영역에 있을 때뿐입니다. 일을 마치고 집에 돌아와서 하고 싶은 일은 그저 쉬는 것뿐입니다. 당신은 TV 앞에 엎드려 연인에게 맥주를 가져다 달라고 요청하고, 그들이 존재하는지도 모른 채 휴식 시간을 가질 자격이 있다고 느낍니다. 진짜그렇습니까?

조치를 취하십시오: 공정하십시오
다음에 집에 오면 가장 먼저 해야 할 일은 연인을 찾고, 키스하고, 좋은 말을 하는 습관을 들이십시오. 우리 모두는 좋은 날과 나쁜 날이 있습니다. 파트너의 하루가 어떻게 지나갔는지 확인하는 습관을 들이십시오. 그들이 나쁜 하루를 보냈다고 생각되면 더 높은 수준의 치료를 시작하십시오. 저녁 식사와 설거지를 하는 동안 연인을 소파에 눕도록 해주십시오.

좋은 날을 보내고 요리, 청소, 세탁, 식료품 쇼핑 등 모든 것을 완벽하게 제어하십시오. 이러한 작업을 수행하는 방법을 모르는 경우 YouTube로 이동하여 알아내십시오. 저는 당신을 믿습니다! 똑똑한 사람들이 "저는 식기 세척기나 진공 청소기를 돌릴 방법을 몰라"와 같은 말을 하면서 다른 모든 것에 대해 너무 많이 알고 있다고 주장할 때 저는 어안이 벙벙해집니다. 돈은 파트너의 마음의 열쇠가 아닙니다. 실제적인 도움이 더 낫습니다.

솔루션: 평등한 파트너십
동등한 파트너십이 필요합니다. 평등은 파트너십의 모든 측면에서 평등하다는 것을 의미하지 않습니다. 불가능합니다. 당신은 특정한 고유한 기술 세트를 가지고 있고 파트너도 자신의 기술 세트를 가지고 있습니다. 이를 인정하고 개별 기술을 기반으로 누가 무엇을 할 것인지에 동의하는 것은 평등한 파트너십입니다. 함께 모이는 것이 목표입니다.

당신의 연인이 재정이나 세금에 능숙하다면 그것이 그들의 직업입니다. 집 주변의 세부 사항을 더 잘 알아차린다면 그것을 직업으로 삼으십시오. 그러나 공정하게 만드십시오. 작업에 1시간이 걸리고 5시간이 걸린다면 다른 작업을 시작하여 동일하게 만들어야 합니다.

집안일, 재정, 자녀, 그리고 둘이 살기 위해 필요한 모든 활동을 살펴보십시오. 어떤 연인이 당면한 활동에 더 적합하고 공정한지 결정하십시오. 시간을 기준으로 작업을 서로 나눕니다. 둘 다 동의하는지 확인하십시오. 기술 세트에 따라 작업을 나누고 계획을 고수하십시오. 당신은 당신의 활동을 하고 당신의 연인은 그들의 활동을 합니다. 당신이 당신의 책임을 건너뛰고 당신의 연인이 모든 업무를 처리할 것으로 기대한다면, 당신의 연인은 국내 파업을 할 권리가 있습니다. 복용을 중단하고 더 많은 것을 제공할 때입니다.

일로 바빠지고 앞으로 몇 달 동안 미친 스케줄에 모든 스포츠와 취미를 맞추려고 한다면 이러한 활동 중 일부를 줄여서 연인을 위한 시간을 만드십시오. 일이 줄어들면 연인을 위해 시간을 할애할 수 있는 한 취미와 스포츠를 시작하십시오. 당신의 연인을 먼저 기억하고 그 이후에 다른 모든 것을 기억하십시오. 직장을 잃거나, 게임을 놓치거나, 나쁜 밤을 보낸다면 집에 돌아올 연인이 있기 때문입니다. 좋을 때나 나쁠 때나 그들이 당신을 위해 있을 것입니다.

실수 3: 한 가지만 말하고 다른 일을 하라

당신은 얼마나 자주 당신이 무언가를 하고 그것을 따르지 않을 것이라고 말합니까? 연인에게 무언가를 하고 나서 잊어버리겠다고 말합니까? 학교에서 아이들을 데리러 전화를 걸어 하루가 너무 정신이 없어서 잊어 버렸다고 말하고 그들이 할 수 있는지 묻는 것처럼? 저녁 식사를 하기 위해 집에 가겠다고 말했지만 계속해서 늦었다면 연인은 어떤 기분이 들까요? 당신은 파트너의 마음과 생각에 어떤 종류의 의심과 원망을 심고 있습니까?

당신이 무언가를 돌보겠다고 말하고 잊어 버린 경우는 어떻습니까? 당신이 말했을 때 당신은 그것을 말했지만 당신이 방금 한 약속보다 당신의 필요를 우선시하는 이유로 산만 해졌습니다. 이것이 당신의 연인에게 잘못된 희망을 줄 수 있다고 생각합니까? 당신의 연인은 어떻게 느껴야 할까요? 실망하셨나요? 슬프신가요? 화나신가요? 아니면 겁에 질리셨나요? 그들은 당신이 완전히 거짓말을 하거나 조작하거나 배신했다고 생각합니까? 그들은 당신이 말하는 모든 것을 신뢰합니까? 도와주세요: 그들은 어떻게 느껴야 할까요? 기분이 어떻겠습니까?

당신이 따르지 않는 모든 시간은 연인이 소외감을 느끼게 할 수 있습니다. 당신이 무엇을 하던지 당신의 말에 충실하는 것보다 훨씬 더 중요했습니다. 부모 중 한 명이 전업 간병인인 관계에서 이것은 분노나 질투를 유발할 수 있습니다. 당신은 여전히 당신의 시간을 책임지고, 외출하고, 여전히 하고 싶은 일을 하는 것 같습니다. 한편, 그들의 삶은 가족이 일하고 있는지 확인하기 위해 집에 머물면서 혼자 시간, 즐거운 시간 또는 친구 시간이 거의 또는 전혀 없습니까?

이것은 다음과 같습니다. 연인이 연인 관계에서 안정감을 느끼나요? 당신의 삶에서 그들보다 더 중요한 일이 일어나고 있다고 느끼는 이유를 그들에게 제공합니까? 연인이 연결이 끊겼다고 느끼면 시간이 지남에 따라 더 이상 알지 못하는 파트너로 바뀔 수 있습니다. 당신이 사랑에 빠진 그 재미있고 사랑스럽고 돌보는 연인은 건물을 떠날 것입니다. 그들이 당신에 대해 느꼈던 사랑은 상처받지 않도록 자신을 보호해야 할 필요성 때문에 묻혔을 것입니다.

이런 종류의 치료는 파트너의 자아상을 심하게 공격합니다. 사랑받지 못한다고 느끼는 사람은 체중이나 외모에 대한 한 줄의 언급으로 낮은 자아이미지를 먹여살리거나 자신을 돌보지 않는다는 이유로 자신을 그냥 내버려 둘 수 있습니다. 그들은 늙고 예전만큼 아름답지 않다고 느낄 수도 있습니다. 하루 중 가장 상쾌한 시간에 젊고 매력적인 사람들과 어울리고 있다는 사실을 알고 있으면 상황이 더욱 악화됩니다.

당신이 연인에게 던지는 잘못된 기대가 그들의 정서적 건강에 영향을 미칠 수 있다고 생각합니까? 밀리는 느낌이 아니라 당신의 안심, 수용, 격려로 다시 사랑받고 있다는 느낌을 받아야 합니다. 당신의 연인은 당신을 믿을 수 없는 것을 알기 때문에 더 이상 화를 내지 않는 단계에 이르렀습니까? 그들은 작업이나 활동을 스스로 수행하고 당신을 참여시키지 않는 것이 더 쉽다고 생각합니까?

안정감을 잃은 파트너의 한 가지 결과는 체중 증가, 우울증, 낮은 자아상과 같은 건강 문제가 발생할 수 있다는 것입니다. 운동, 달리기, 요가 수업, 건강 계획에 대한 동기를 잃습니다. 식사를 하고 다른 방법으로 자신을 돌본다.

사실 스트레스를 받고 지치면 정신력이 고갈됩니다. 의지가 강하면 그것이 잘못되었다는 것을 알기 때문에 어떤 일에 저항할 수 있습니다. 하지만 피로와 스트레스로 의지가 부족할 땐 그 치즈케이크를 뚝딱 뚝딱 먹고 사랑할 수 있다. 당신은 아침에 자신을 미워하겠지만 이것이 진짜입니다. 의지력이 떨어지면 생존자가 없습니다. 당신은 올바른 선택을 할 힘이 없기 때문에 슬픔의 공허함을 완전히 채워야 할 필요만 남습니다.

행동을 취하십시오: 좋은 사람이 되십시오
파트너의 스트레스를 줄이는 것이 당신의 일입니다. 약속을 하고 그것을 고수하는 것은 기본 요구 사항입니다. 다음에 연인에게 차고를 청소하거나, 아이들 방에 페인트를 칠하거나, 테라스 데크를 마무리하거나, 차를 수리하겠다고 말할 때 그렇게 하십시오. 헤드셋을 착용하고 게임을 듣고 완료하세요.

삶에서 일종의 스트레스를 줄 수 있는 모든 것들을 생각해 보십시오. 당신의 연인이 스트레스를 주는 것에 대해 당신에게 말하는 것을 들어보십시오. 그들의 현실을 의심하지 마세요. 당신의 일은 그들을 믿고 파트너의 스트레스 수준이 최소화되도록 시작하는 것입니다.

보십시오. 먼저 행복한 연인을 갖는 것이 중요합니다. 그런 다음 나가서 골프를 치거나 친구들과 수다를 떨 수 있습니다. 우선 순위가 바뀌었지만 이러한 변경을 수행하면 불평하지 않을 추가 파트너 혜택이 있습니다.

이제 특정 시간에 집에 온다는 것을 기억하십시오. 그 시간에 집에 오십시오. 시간 갈등이 있다면 인생을 쉽게 만들거나 힘들게 만드는 것이 유일한 선택입니다. 당신이 해야 하는 것보다 더 많은 문제를 다루어야 하는 이유는 무엇입니까? 이제 훈련용 바퀴를 빼고 시계에 주의를 기울이고 약속한 대로 집에 돌아갈 시간입니다.

솔루션: 안전한 파트너십
약속대로 깨끗한 실적을 유지하면 행복한 연인이 하나 있습니다. 당신은 강력하고 안전한 연인을 만들 것입니다. 이것은 집에 돌아왔을 때의 결과에 대해 걱정하지 않고 하고 싶은 일을 할 수 있는 자유를 줄 것입니다.

꿀팁 목록을 작성하여 할 수 있는 모든 좋은 일을 생각해 보십시오. 은행에 돈을 넣어두는 것처럼 일을 하는 데 보내는 시간을 생각해 보십시오. 당신은 호의를 얻고 있으며, 은행에 더 많이 투자할수록 감사하는 파트너로부터 더 많은 것을 돌려받을 것입니다. 선의의 은행이 비어 있고 이륙하고 싶다면 미친 연인을 갖게 될 것입니다. 그러나 은행에 선의가 있다면 가서 즐기십시오.

저는 당신의 연인이 계속 더 많은 것을 추가할 것이기 때문에 꿀-해야 할 목록을 끝내는 것이 의미가 없다고 사람들이 불평하는 것을 들었습니다. 그건 사실이 아니야. 일반적으로 연인은 완료되지 않은 동일한 작업에 대해 계속해서 불평합니다. 꿀꿀 목록을 파트너의 이마에 붙인 메모로 생각하십시오. 해당 작업이 완료될 때까지 스티커는 여전히 존재하며 제거될 때까지 짜증납니다. 작업을 완료하면 사라집니다. 파트너의 알림을 잔소리라고 할 수 있습니다. 당신이 당신의 연인을 결코 행복하게 만들 수 없다고 말한다면 그것은 거짓입니다. 파트너의 집착을 제거하면 불평이 사라질 것입니다.

아, 참고로, 파트너의 작업을 완료할 수는 있지만 집도 마찬가지라는 점을 기억하세요. 작업을 완료하면 이제 아름다운 집을 즐길 수 있습니다.

놀라운 것은 실제로 일을 끝내는 것보다 일을 끝내는 방법에 대해 생각하고 전략을 세우는 데 더 많은 에너지가 필요하다는 것입니다. 다시 말해, 연인이 당신의 도움이 필요할 때 하던 일을 멈추는 습관을 들이십시오. "1분 안에"라고 말하지 마십시오. 그냥 일어나서 즉시하십시오. 완료되면 하던 작업으로 돌아가십시오. 요청한 일을 바로 하는 습관을 들이면 상대방도 행복해질 뿐만 아니라 하고 싶은 일을 할 수 있는 자신을 발견하게 될 것입니다. 파트너의 핵심 요구 사항이 충족되어야만 핵심 요구 사항이 충족될 수 있습니다.

조언 "묻지마, 말하지 마"
파트너십의 옵션이 아닙니다.

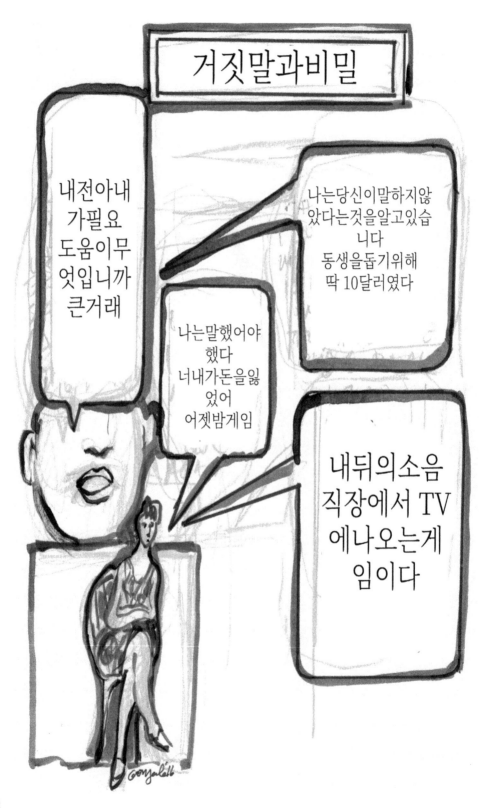

실수 4: 거짓말과 비밀

거짓말에는 선의의 거짓말과 진지한 거짓말의 두 가지 유형이 있습니다. 선의의 거짓말은 일반적으로 우리를 약간의 문제로부터 보호하거나 누군가를 기분 좋게 만들기 위해 하는 말입니다. 선의의 거짓말은 때때로 피빙(fibbing)이라고 합니다. 늦잠을 잤다는 사실을 인정하는 대신 회의에 늦게 도착하면서 "교통 체증 때문이었습니다."라고 말합니다. "저는 직장에서 전화를 끊었습니다." 당신은 친구들과 맥주를 마시며 정말로 외출했을 때 말합니다.

심각하고 삶을 변화시키는 거짓말이나 비밀은 정직하기 가장 어렵습니다. 왜냐하면 연인이 떠날까봐 두려워하기 때문입니다. 저는 중독이나 이중 생활과 같이 인생을 망칠 수 있는 것들에 대해 이야기하고 있습니다. 당신이 그것을 숨기는 데 얼마나 능숙하다고 생각하는지는 중요하지 않습니다. 당신의 카드는 어떤 식으로든 보여질 것입니다. 연인은 둘과 둘을 합치는 데 최고입니다. 그들은 당신과 당신의 습관을 알고 있습니다. 따라서 성격이나 습관이 바뀌면 연인이 더 많은 불일치에 대해 과민하게 만드는 위험 신호를 보냅니다.

프라이버시는 비밀의 개념과 밀접하게 관련되어 있습니다. 친구 및 가족과의 경계를 설정하는 데 문제가 있습니까? 귀하는 파트너십에 대한 개인 정보(좋든 나쁘든)를 공유하고 그것이 괜찮다고 생각합니까? 연인과의 성생활에 대해 친구들에게 이야기합니까? 연인이 공유할 수 있는 것과 공유할 수 없는 것에 대해 편안하게 느끼는 것과 공유하는 방법에 대한 규칙이 있어야 합니다. 여기에는 소셜 미디어에 이미지나 정보를 게시하는 것이 포함됩니다.

당신은 당신의 연인과 다른 라이프 스타일을 가지고 있습니까? 술집에 나가서 친구 및 가족과 어울리기를 좋아합니까? 당신은 당신이 할 수 있다면 그것을 항상 가지고 있습니까? 당신은 당신의 삶에 대한 이야기를 하고 모든 것에 대해 공개하는 것을 좋아하는 반면, 당신의 연인은 두 사람 사이에 더 많은 것을 유지하는 것을 좋아합니까?

당신은 당신의 성취를 과장합니까? 당신의 이야기의 모든 것이 실제보다 조금 더 크고 밝습니까? 그 과장이 습관이 되면 연인이 당신이 진실이 아닌 다른 것을 궁금해하게 만드는 일종의 거짓말로 변할 수 있습니다.

식탁에서 또는 침대에서 전화 문자를 계속합니까? 안녕히 주무세요? 아니면 키스를 건너뛰고 마지막 보내기를 누르나요? 소셜 미디어 "친구"와 나누는 대화 또는 "좋아요"를 추적하는 것이 파트너에 대해 지켜야 할 친밀감을 깨뜨리는 것입니까?

여기에서 규칙, 경계 및 전략을 마련해야 합니다. 파트너십이 작동하려면 이러한 사항에 동의하고 존중해야 합니다. 규칙이 깨지면 신뢰도 무너집니다. 깨달아야 할 가장 미친 것 중 하저는 연인과 영원히 함께할 수 있다는 것입니다(또는 그렇게 보일 수도 있음). 하지만 그렇다고 해서 자동으로 연인을 알게 되는 것은 아닙니다. 양질의 시간을 보내고 그들과 함께하지 않고는 무엇이 그들을 똑딱거리게 만드는지 결코 알 수 없을 것입니다.

파트너의 사랑을 위해 끊임없이 싸우는 것 같습니까? 연인과 의사 소통하지 않는 한 일부 반응이 과거의 외상에서 비롯된 것인지 모를 수 있습니다. 이것은 사람이 생존을 위한 순수한 욕구에서 벗어저는 일종의 비밀입니다. 어린 시절 학대를 받은 사람은 그 문제를 깊이 묻었을 수 있습니다. 그들에게는 비밀일 수도 있습니다. 문제가 처리되지 않은 경우 자신도 모르게 대가를 지불하게 될 수도 있습니다.

행동을 취하십시오: 헌신하십시오
선의의 거짓말, 속임수 또는 과장된 진실에 속는 것은 생각보다 훨씬 심각할 수 있음을 이해하십시오. 나중에 그것이 파트너의 핵심 요구 사항에 부합한다는 것을 알게 될 것입니다. 그것은 당신의 무결성과 신뢰성에 의문을 제기하는 일련의 위험 신호를 촉발합니다. 그것은 당신이 작은 거짓말을 할 수 있다면 당신의 연인이 놓치고 있는 큰 거짓말에 대해 생각하는 것을 기반으로 합니다. 모든 진실을 말하지 않으면 신뢰가 완전히 무너질 수 있습니다. 당신의 연인은 항상 당신이 그들이 믿고 의지할 수 있는 파트너라고 믿고 싶어할 것입니다. 속이는 것은 관계의 순수성을 파괴할 뿐만 아니라 파트너십도 파괴할 수 있습니다. 당신은 잘못을 인정하고, 사과하고, 실수를 했을 때 용서를 구할 만큼 충분히 컸습니까?

솔루션: 신뢰할 수 있는 파트너십
선의의 거짓말은 비밀을 지키고 더 큰 거짓말을 하는 지름길입니다. 그렇기 때문에 때때로 연인이 그러한 극단적인 반응에 반응하고, 당신은 그들이 단지 과민 반응했다고 생각합니다. 그들은 당신이 그것을 피할 수 있다고 생각했다는 것을 믿을 수 없습니다. 당신의 연인은 당신을 아는 데 전문가가 되는 데 많은 시간을 할애합니다. 그래서 당신이 거짓말을 할 때 연인이 그것을 감지할 수 있습니다. 그들은 그것을 믿거나 말하고 싶지 않을 수도 있지만 그들은 알고 있습니다.

순수한 신뢰가 깨지면 장미에 꽃잎을 다시 붙이려는 것과 같습니다. 당신은 그것들을 붙일 수 있을지 모르지만 그 꽃은 결코 같지 않을 것입니다.

연인이 더 많은 의심을 가질수록 더 많이 추적하고 질문해야 합니다. 이제 그들은 당신의 전화나 이메일을 확인하기 위해 당신의 위치를 알아야 합니다. 이런저런 이유로 파트너의 핵심적인 신뢰 욕구를 유발할 때, 그들이 당신을 신뢰할 수 없는 것은 당신의 잘못이라는 것을 기억하십시오.

변화하고 헌신한다면 파트너의 신뢰를 회복할 수 있는 빠른 방법이 있습니다. 그것은 열린 책이 되는 것에 관한 것이며, 이에 대해 6장에서 읽을 것입니다. 연인이 안정감을 느끼도록 하십시오. 귀하의 위치를 항상 알리고 귀하의 전화 및 비밀번호에 대한 액세스 권한을 부여하십시오. 많은 작업과 시간(때로는 몇 년)이 소요되며 연인 관계에서 한때 가졌던 자유에 대한 권리를 상실했음을 이해하십시오. 어려워 보일 수 있지만 정직하면 자유로워질 것입니다!

3장: 연인이 파트너쉽 쇠퇴에서 겪는 4단계

손가락으로 가리키기 전에 내부를 살펴보십시오.

당신은 관계를 망가뜨리는 실수에 대해서 배웠습니다. 연인을 무시하거나 무시하거나, 잘못된 기대를 설정하거나, 자격이 있다고 느끼거나, 거짓말을 하고 비밀을 유지하면 연인 관계가 통제 불능 상태가 될 수 있습니다. 시간이 지남에 따라 이러한 실수 중 하나라도 나쁜 습관이 되면 연인이 점점 더 상처받고 실망하지 않도록 자신을 보호하게 될 것입니다.

연인이 제정신을 유지하려면 파트너들도 자기 자신을 보호해야 합니다. 연인이 탈출구가 없다고 느낄 때 작동하는 자동 트리거입니다. 여기에 대해 두 가지 방법으로 생각할 수 있습니다.

첫 번째 비유는 스위치를 뒤집는 것입니다. 부모는 아이들과 함께 스위치를 뒤집는 것을 마스터합니다. 부모가 요구하거나 소리를 지르면 스위치를 뒤집는 법을 배웁니다(또는 미쳐버리는 법). 스위치를 켜면 정신 이상을 무시하고 정신을 유지할 수 있는 방법을 찾을 수 있습니다.

두 번째 은유는 벽돌 벽입니다. 약속이 어길 때마다 연인은 벽에 벽돌을 추가하여 실망감을 느끼지 않으려 합니다. 벽에 벽돌이 많을수록 실패한 기대로 인해 덜 상처받을 수 있습니다.

당신의 연인이 당신의 말도 안되는 소리와 연결을 끊기 위해 스위치를 뒤집는 것을 보았습니다. 집 주변에 방치된 것들이 너무 많을 때. 또는 친구들과 충분한 시간을 보내지 못하거나 노는 시간이 충분하지 않다고 끊임없이 불평할 때.

당신이 무언가를 하고 하지 않겠다고 말할 때, 당신의 연인은 그들의 벽에 벽돌을 추가합니다. 벽이 높을수록 그들은 당신이 하겠다고 말한 것을 하기 위해 당신을 덜 의지합니다. 주의를 기울이고 있다면 파트너의 얼굴에 실망하거나 좌절하는 순간은 벽돌이 막 올랐을 때입니다.

이제 저는 당신의 질문에 답할 수 있습니다. 당신의 연인이 당신에게 그렇게 비참하다면 왜 머물겠습니까? 첫째, 그들은 제정신을 유지하기 위해 스위치를 껐습니다. 둘째, 그들은 벽 뒤에서 보호받고 있다고 느낍니다.

관계가 스트레스를 받고 실제 문제로 인해 과부하가 걸리면 파트너십에서 싸움과 단절로 이어질 수 있습니다. 이것이 당신의 행복과 행복한 삶이 문제가되는 때입니다. 관계가 좋을 때 나쁜 습관은 일반적으로 용인될 수 있습니다. 관계가 끊어지면 나쁜 습관이 연인을 기하급수적으로 괴롭히기 시작할 것입니다. 당신의 연인이 당신을 태우고 있을 때, 당신은 통제당한다고 느끼기 시작합니까? 하고 싶은 일을 할 수 있는 자유를 잃은 것처럼요? 그 시점에서 파트너십은 연인이 통제 불능이라고 느끼는 곳까지 과세됩니다.

좋은 소식은 당신의 연인이 당신을 선택한 것이 실수가 아니라고 믿고 싶어한다는 것입니다. 그들은 흐트러진 감정적 연결이 화려한 방식으로 다시 불붙을 수 있다는 희망을 붙들고 있다.

차량에 연료 탱크를 유지하는 것처럼 여러 가지 방법으로 관계를 유지해야 합니다. 연료를 가득 채울 때 운전석에 탔을 때의 만족감을 생각해 보세요. 연료 게이지를 보면 바늘이 "F" 위에 완벽하게 맴도는 것을 볼 수 있습니다. 다음에 무슨 일이? 탱크를 채우는 것은 더 이상 문제가 아닙니다. 더 긴급한 문제를 처리하는 데 집중할 수 있습니다. 맞나요? 그러나 전혀 시간이 없어 보이는 시간이 지난 후 궁극적으로 "E"를 칠 위험이 있을 정도로 가까이에 있음을 확인하기 위해 아래를 내려다봅니다. 당신은 매일 당신의 눈앞에서 일어나고 있는 어떤 일을 의식하는 것을 소홀히 했습니다. 거의 매번 당신의 반응은 어떻습니까? 당신은 고개를 저으며 "그 가스에 도대체 무슨 일이?!"라고 묻습니다. 익숙한 소리 같습니까?

같은 은유를 관계에 적용해 봅시다. 가스 탱크처럼 관계에는 파트너로서 연인을 행복하게 만들기 위해 모든 노력을 기울이는 순간이 있습니다. 그런데 빈 주유소처럼 관계가 'E'인 것을 느낄 때만 노력을 기울이고 있습니까? 연인에게 진정한 사랑과 애정을 보이기 전에 매년 같은 시간에 커플을 위한 중요한 달력 날짜를 기다리기만 합니까? 생일, 밸런타인데이, 크리스마스, 기념일 … 관심을 가질 때 주어지는 것인데, 1년 중 격일로 연인에게 특별하다는 것을 보여주기 위해 어떤 노력을 합니까?

그러나 잠깐만요. 선물을 사는 것과 같이 예측 가능한 일에 모든 노력을 기울이지 마십시오. "좋아, 이제 다음 작품까지 괜찮아"라고 생각하고 있다면 요점을 놓친 것입니다. 뭐라고요? 언제부터 당신이 파트너의 행복에 투자해야 하는 시기를 달력이 단독으로 지시합니까?

가스 탱크가 반쯤 채워진 것을 볼 때마다 연료를 채우는 습관을 들이면 어떨까요? 당신은 당신이 필요로 하는 일을 할 수 있는 충분한 연료를 항상 가지고 있을 것이고, 당신의 차는 결코 부족하지 않을 것입니다. 마찬가지로, 관계의 "탱크"를 지속적으로 채우면 어떨까요? 매주 당신의 관계에 여기저기서 사랑과 애정의 작은 몸짓을 뿌리지 않겠습니까? 젠장, 왜 맨날 하지?

그 관계 연료 게이지를 매일 의식하는 것만으로도 그에 따라 반응할 수 있습니다. 그것은 어떻게 생겼습니까? 연인이 일어났을 때 칭찬하고, 포옹하고, 키스하고, 아침에 커피를 주고, 얼마나 사랑하는지 이야기하십시오. 연인이 집에 왔을 때 저녁 식사를 준비하거나 긴 하루를 보낸 후 문 앞에서 와인 한 잔으로 연인을 맞이하십시오. 아이들을 돌봐주고 연인을 데이트에 데려가십시오. 파트너들을 위해 문을 여는 것을 잊지 마십시오.

모든 제스처가 멋진 디스플레이일 필요는 없다는 것을 기억하십시오. 당신이 연인과 그들의 행복에 대해 생각하고 있다는 것을 연인에게 보여주기만 하면 됩니다. 중요한 것은 작은 것입니다.

제가 알지. 당신은 백만 가지 일이 있고 때로는 관계가 미끄러워집니다. 그것은 일어난다. 많은 상황은 실제로 누구의 잘못이 아닙니다. 인생이 일어납니다. 그러나 관계를 너무 멀리 미루고 관계를 우선 순위 목록의 맨 위에 다시 두는 것을 소홀히 한다면 그것은 당신의 잘못이 됩니다. 이것이 사랑의 탱크를 가득차게 을 유지하는 방법입니다. 연인 관계가 좋은 위치에 있다고 확신하면 모든 외부 의무가 훨씬 덜 스트레스를 받습니다.

관계가 사상 최저 수준에 도달했지만 여전히 그것을 원하는 경우 되돌릴 수 있는 방법이 있습니다. 그것은 당신 자신으로부터 시작됩니다. 손가락으로 가리키기 전에 내부를 살펴보십시오. 당신의 관계가 양립할 수 없게 놔둘 수는 없습니다!

당신이 당신의 연인과 당신과 함께한 파트너에 대해 결정을 내리기 시작하는 것은 인간의 본성입니다. 연인이 단절되었다고 느낄 때, 이것은 연인 관계가 악화되는 시작입니다. 자동 생존 모드이며 연인이 기대치를 재설정하는 것처럼 간단합니다. 이 재설정은 연인이 연인 관계가 거부되더라도 연인 관계에서 살아남기 위해 거쳐야 하는 4단계를 시작합니다.

1단계: 조정
2단계: 이기적이 된다
3단계: 단절
4단계: 양립할 수 없게 됨

완벽한 파트너십
불완전한 두 사람 사이에서 발견된다
서로를 포기하지 않는 사람.

조정

1단계: 조정

조정 단계는 연인이 당신을 도울 수 없을 때입니다. 그들은 기대치를 수정하고 스스로 일을 돌보기 시작합니다. 한 가지 문제가 관계를 악화시키지는 않지만 패턴이 되면 이러한 사소한 것들이 더 중요한 문제로 눈덩이처럼 불어나기 시작합니다.

산불은 그냥 발생하는 것이 아닙니다. 항상 그것을 해낸 빛나고 있습니다. 스파크는 일단 점화되면 빠르게 퍼질 수 있습니다. 이러한 불같은 논쟁을 시작하는 것은 당신의 삶에서 그 불씨가 계속해서 나타나며, 당신의 연인이 파트너십을 조정하도록 강요합니다. 사소한 것에 대한 파트너의 요청을 성실하게 처리하는 것은 필수입니다. 스모키 베어는 "산불은 당신만이 막을 수 있습니다."라고 말했습니다. 그리고 당신이 나쁜 관계 습관의 패턴에 빠졌다면, 당신만이 당신의 관계가 연기되는 것을 막을 수 있습니다.

조정의 또 다른 형태는 당신을 차단하는 것입니다. 당신의 연인은 스위치를 켜서 (청각, 시력 및 로맨스에 대한 욕망) 끌 수 있습니다. 연인에게 이 도구가 있습니다. 자녀가 있다면 연인이 이미 완성했을 것입니다. 폭발을 방지하는 냉각 메커니즘입니다.

스위치는 생존 메커니즘일 수 있지만 결국 조작과 매우 흡사합니다. 당신의 연인이 다쳤을 때, 그들은 고의로 또는 무의식적으로 공격을 가하는데, 이는 대개 자기 방어의 필요성을 느끼기 때문입니다. 연인이 부당한 대우를 받는다고 느끼면 친밀감을 활용하여 당신이 좋아하게 되는 것과 같이 당신이 즐기는 것을 차단하려는 경향이 더 커질 수 있습니다. 그 외에도 연인은 감정적으로나 육체적으로 완전히 체크 아웃할 수 있습니다.

2단계: 이기심

이기심의 단계는 '모두를 위한 단계'라고도 할 수 있습니다. 당신의 고군분투하는 연인은 통제권을 얻으려고 할 때 문제를 해결하려고 합니다. 정중한 요청은 이제 미리 결정된 결과, 심지어 최후 통첩을 수반하는 요구가 됩니다. 절대 행복하게 해줄 수 없다는 생각이 드는 단계입니다.

당신은 이러한 잽을 알고 있습니다. "이번 추수감사절에 너희 집에 갈 시간이 없으니 너희 집에만 가자." 보복이 시작되고 피부 아래로 침투하기 시작합니다. 그것은 당신이 당신의 행동의 결과를 진정으로 이해하도록 만드는 방법입니다.

당신의 연인이 미친 듯이 행동하는 것 같고, 당신은 그 이유를 이해할 수 없습니다. 그들은 미묘한(또는 그렇게 미묘하지 않은) 적개심을 가지고 당신에게 다가옵니다. 당신은 파트너의 요구를 만족시키려고 노력하지만, 그들은 너무 많은 것을 가지고 당신에게 다가오거나 단순히 당신의 도움이 필요하지 않습니다. 더 이상 그들을 기쁘게 할 수 없으며 연인이 불공평하고 비합리적이라고 생각합니다. 당신의 일상은 다음에 일어날 사람을 추측하는 것입니다: 헐크 또는 배니스터? 글린다 선한 마녀 또는 그녀의 사악한 자매?

지금 무엇을 합니까? 연인에게 반응하면서 정신적으로나 육체적으로 분리되기 시작합니다. 이제 당신과 당신의 연인은 둘 다 분리되었습니다. 생존 전술입니다. 고립된 상태에서 이탈하는 것은 지치고 끊임없는 말다툼에 비해 두 가지 악 중 더 작은 것이 됩니다. 통신이 완전히 두절되면 실제 장기 손상이 발생합니다.

무례

3단계: 연결 해제

무례한 단계는 끔찍합니다. 못생겼다. 눈을 돌리고, 욕하고, 소리를 지르면 논쟁이 무례해집니다. 이 단계에서 모든 단어가 녹음되기 때문에 당신이 말하는 것을 지켜보십시오. 재생 버튼이 활성화되었습니다. 이 분노의 장소는 당신의 최악의 상황을 끌어낼 수 있습니다.

당신의 연인은 가족이나 친구의 행동에 대해 조롱하고 제3차 세계 대전이 발발한 상황에서 당신이 되돌릴 수 없는 상처를 주는 상황을 처리한 적이 있습니까? 연인 관계에 무례한 말을 주입하면 빠져나가야 할 구멍이 매우 깊어집니다.

이 단계에서 관계에 의문을 제기하기 시작하고 가상의 출구 시나리오를 즐길 수 있습니다. 파트너십의 상호 존중이 무너지기 시작하면, 그 붕괴는 방황하는 눈, 시시덕거림 등과 같이 파트너십의 경계를 벗어난 성적 습관으로 이어집니다. 당신의 연인이 당신의 행동을 포착하기를 바라는 것입니다.

상호 존중의 완전한 붕괴는 종종 "저는 상관하지 않는다"는 태도와 일치합니다. 관심을 멈추면 관계 문제가 발생했을 때 문제를 해결하는 대신 문제가 쌓이기 시작합니다.

그러나 당신의 본성은 실패자처럼 느끼는 것이 아닙니다. 당신은 실패할 수 없습니다. 통제력을 되찾기 위해 할 수 있는 모든 일을 할 것입니다. 특히 상황이 통제 불능 상태가 될 수 있다고 느끼기 시작할 때 그렇습니다. 이것은 기대와 경계를 넘었을 때 발생하기 시작하며 어느 쪽이든 잘못이 있을 수 있습니다.

이 단계에서도 당신이 만든 만큼의 피해를 입었지만, 당신이 그것을 엉망으로 만들고 그것을 소유하기 시작한다면 당신은 상황을 돌릴 수 있습니다. 도구 상자에 도구만 있으면 됩니다.

4단계: 양립할 수 없게 됨

비호환성 단계에 도달하면 상황이 황량하게 보이고 느껴지는 지점에 도달한 것입니다. 어느 것에도 동의할 수 없고 이 사람이 당신의 소울 메이트인지 의문을 품기 시작하는 지점이다. 이것은 파트너십의 상호 존중이 완전히 무너져 잠시 부재한 곳입니다. 비호환은 되돌리기 어렵지만 희망과 해결하고자 하는 쌍방이 관계 회복은 가능하다. 사랑만으로는 부족하다'는 말을 들을 수 있는 위험한 곳입니다.

전여친과의 술자리, 온라인 관계, 심지어 불륜과 같은 일에 탐닉하기 시작했을 때입니다. 체크아웃 절차를 확대하는 것입니다. 당신은 일, 취미 또는 스포츠에 빠져 있습니다. 기본적으로 연인과 이후의 모든 논쟁을 피하기 위해 할 수 있는 모든 일을 합니다. 사무실에 늦게까지 머물거나 연인과 멀어지기 위해 출장을 가는 것은 나쁜 룸메이트에 불과합니다.

그럼에도 불구하고 당신은 그것을 놓지 않을 것이며, 완전히 극단에 이를 때까지 멈추지 않을 것입니다. 당신의 연인은 소리를 지르며 울고 당신에게 변화를 요구할 수 있지만 당신은 그들의 말을 듣지 않습니다. 당신의 연인이 마침내 끝났고 당신을 버리고 관계를 끝냈을 때만 대부분의 사람들이 울음을 터뜨립니다. 그제서야 갑자기 그들 없이는 살 수 없다는 것을 깨닫기 때문에 마침내 변화하기로 결정합니다.

관계에서 지속적으로 존재하고 인식하는 것은 존중을 나타내고 파트너십의 호환성을 강화합니다. 기억하세요, 당신이 이 단계들을 알지 못한 것은 당신의 잘못이 아니지만, 지금은 당신이 알고 있습니다. 적절하게 조정하지 않으면 그것은 당신의 잘못입니다.

관계의기본

파트 2:
연인을 행복하게 유지하기 위한 기본 사항

행복한관계를위한 4가지기술

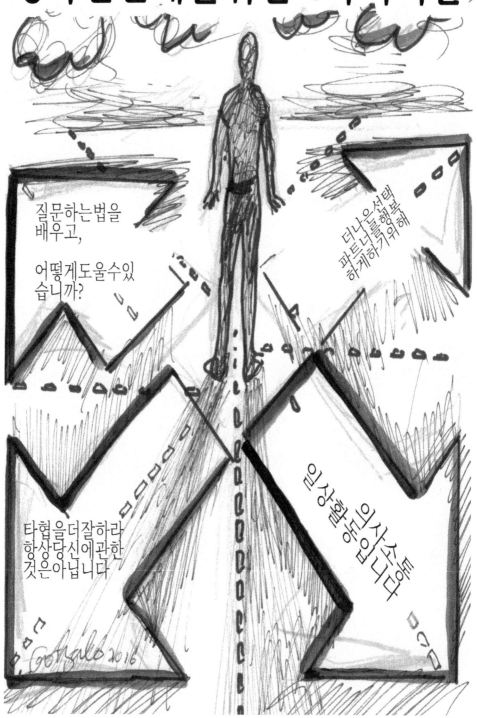

4장:
행복한 삶을 위해 결코 익히지 못한 4가지 기술

파트너십은 진행중인 작업입니다.
더 많이 배울수록 더 좋아집니다.

건강한 관계를 구축하기 위해 연인과 협력하는 네 가지 중요한 방법을 배운 적이 없는 것은 당신의 잘못이 아닙니다. 어둠 속에서 더듬거리고 있다면 아무도 전등 스위치를 찾을 수 있는 곳을 알려주지 않았기 때문입니다. 중요한 기술이 작동하지 않을 때 유일한 결과는 스트레스가 추가되어 아무도 원하지 않는 파트너십을 생성하는 것입니다.

다음은 4가지 스킬입니다. 매일 올바르게 사용하면 더 이상 스트레스를 받을 필요가 없어집니다.

질문하세요
상대방의 마음을 읽을 수 없습니다. 그러나 연인과 조화를 이룬다면 언제 문제가 발생하는지 알 수 있습니다. 따라서 "제가 잘못했거나 더 잘할 수 있는 것이 있습니까?"와 같은 질문을 하십시오. 또는 "당신은 멀게 보입니다. 화났어?" 이것은 힘을 만들고 파트너십에 균형을 가져옵니다.

좋은 선택을 하세요
당신의 연인이 당신에게 무언가를 요구할 때 당신이 너무 바쁘거나 무시할 때, 그것은 불균형한 파트너십을 만듭니다. 따라서 다음에 파트너들이 당신에게 요청할 때 그것을 하십시오.

타협
파트너십에는 항상 주고 받는 것이 있어야 합니다. 당신이 어떤 문제에 대해 단호하고 연인이 굴복한다면, 당신의 연인이 다른 문제에 대해 자신의 길을 가도록 하십시오.

의사 소통

이것이 성공적인 파트너십의 핵심입니다. 두 사람 모두에게 영향을 미치는 결정을 연인에게 알리는 것이 중요하며 신뢰를 구축합니다.

궁극적인 목표는 연인과 연인 관계에 대한 스트레스를 제거하여 행복할 수 있도록 하는 것입니다. 인생의 새로운 직업이 무엇인지 아십니까? 어떤 대가를 치르더라도 파트너의 스트레스를 없애기 위해. 두 번째로 들었듯이 연인이 스트레스를 받지 않도록 하십시오!

파트너의 스트레스를 제거하기 위해 네 가지 기술을 적용하십시오. 무엇이든 하세요. 이제 제가 당신에게 무엇을 요구하고 왜 그런지 생각해보십시오! 그게 다 입니다. 수업의 끝입니다. 이제 집에 가도 됩니다. 책을 다 읽은 직후. 당신의 연인이 스트레스를 받지 않도록 하기 위해 당신은 그것을 가능하게 하는 나의 도구가 필요할 것이고, 그것들은 책의 끝부분에 있습니다.

기술 1: 질문하기

질문은 사람들에게 건설적인 것에 대해 이야기할 기회를 줍니다. 커플, 특히 관계를 시작할 때 항상 상대방이 원하는 대로 하려고 노력하지만 대부분의 사람들은 추측을 잘 못합니다. 서로의 마음을 읽을 수 있다고 생각하는 연인은 자신을 속이는 경우가 많습니다.

여기에 내 비밀이 있습니다. 당신은 당신의 연인이 당신과 연결이 끊겼을 때 어떻게 알 수 있는지 알고 있습니다. 그들은 말하지 않고, 웃지 않고, 초조해하며, 진실은 당신이 그 이유를 모른다는 것입니다. 일반적으로 공간을 제공하고 계속 진행합니다. 다음은 "잠시 시간 있으세요? 질문을 하고 싶습니다. 더 잘하고 싶은데 제가 뭘 잘못했는지 모르겠다. 하지만 더 중요한 것은 어떻게 하면 바로잡을 수 있는지 알고 싶습니다." 연인이 마음을 열고 앞으로 더 나은 선택을 할 것임을 연인에게 보여주세요.

가장 좋은 예는 관계에 있는 한 사람이 파트너로부터 더 많은 혼자 있는 시간을 필요로 하는 경우입니다. 한 연인이 '아, 그들은 나와 함께 있고 싶어 하지 않는다'고 생각하기 시작할 때 갈등을 일으킬 수 있습니다. 실제로, 한 연인은 단순히 더 많은 시간을 혼자 보내는데 익숙할 수 있으며 다른 사람을 어떻게 느끼게 하는지조차 깨닫지 못할 수 있습니다. 질문을 하면 혼란이 해소됩니다.

우리가 균형 잡힌 관계를 갖고 있다고 느끼십니까?와 같은 질문을 할 때입니다. "이 파트너십이 동등하다고 생각하십니까?" 또는 "당신은 나와 함께 안정을 느끼나요?" 마지막으로 다루어야 할 질문은 연인이 당신을 신뢰하는지 여부입니다. 이제 답변을 들을 차례입니다. 메모를 많이 하고 들어보세요.

따라서 연인이 머리 속을 맴도는 것을 큰 소리로 말할 수 있도록 질문을 하십시오. 그러나 모든 질문은 핵심 질문에 답해야 합니다. 어떻게 하면 당신에게 더 나은 연인이 될 수 있을까요?

선택하기

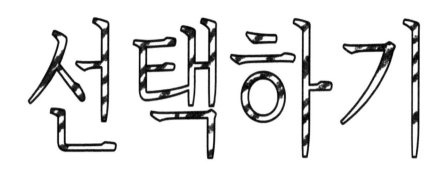

돈쓸때조심할게

주말내내
너와함께
할게

내가집안일을도와줄게

기술 2: 좋은 선택을 하십시오

모든 행동은 선택입니다.

연인과 함께 작든 크든 결정을 내리려고 시도한 적이 있다면 그것이 얼마나 어려운지 알 것입니다. 왜 그렇게 힘든가요? 싱글이었을 때, 당신은 독립적으로 결정을 내렸고, 다른 사람들에게 거의 영향을 미치지 않으면서 스스로의 개인적인 동의가 필요했습니다.

의사 결정의 질이 우리 관계 내에서 우리가 누구인지를 정의하여 파트너십의 성공 또는 실패로 이어지는 것은 당연합니다. 파트너의 요구 사항이 우선되어야 함을 기억하십시오. 그래야만 건강한 파트너십을 향한 궤도에 오르게 됩니다. 이것만 기억하십시오: 모든 행동은 선택입니다.

함께 적극적으로 결정을 내리든, 개인적인 선택에서 서로를 고려하든, 전적으로 혼자 해야 하는 결정은 상대적으로 적습니다. 한쪽 또는 양쪽 연인이 먼저 말하지 않고 결정을 내리는 경우가 너무 많으면 조만간 관계가 악화될 것입니다. 선택을 하는 것이 독립적인 움직임이라는 것을 이해하지만 파트너십을 통해 함께 이루어져야 합니다. 연인에게 무슨 일이 일어나고 있는지 단서를 주지 않고 선택을 하면 감정이 상할 수 있습니다.

그러나 결정을 말하는 것이 결정을 대신하는 것을 의미하지는 않습니다. 연인이 스스로 선택하고 판단을 존중하도록 하세요. 연인에게 성공하거나 실패할 수 있는 자유를 허용하고 두 가지 모두를 배우게 하십시오. 그리고 당신도 스스로 좋은 결정을 내릴 수 있다는 것을 연인에게 보여주어야 합니다.

타협

타협
당신의파트너에대한
모든것입니다
목소리와의견을가지
고
당신이따르는.
항상당신에관한것은
아닙니다.

기술 3: 타협

타협은 연인과 이해의 위치에 도달하기 위해 무언가를 포기하는 것으로 이해됩니다. 관계의 어느 시점에서 당신과 당신의 연인은 다른 접근 방식, 의견 또는 희망을 갖게 될 것입니다. 그러나 올바르게 수행되면 타협은 귀하와 귀하의 연인이 팀으로 함께 성장하는 데 도움이 될 것입니다. 그것은 당신의 관계에서 신뢰, 책임, 일관성 및 보안을 촉진합니다. 또한 건강한 파트너십이라는 공통 목표를 염두에 두고 있음을 보여줍니다.

연습해야 할 기술은 다음과 같습니다. 강경한 결정을 내릴 때 먼저 자신의 자아를 확인하십시오. 당신의 방법이 유일한 방법이라고 생각한다면, 저는 당신에게 한발 물러서서 그 나쁜 프로그래밍이 당신을 돕고 있는지 재평가하기를 요청하는 것입니다. 당신의 연인이 원하는 일을 하는 것이 일어날 수 있는 최악의 일입니까? 대부분의 경우 파트너의 선택이 정확하고 종종 나보다 낫다는 것을 알게 되었습니다.

관계에서 싸움을 피할 수는 없지만 가장 잘 논쟁하는 방법에 대해서는 합의에 이를 수 있습니다. 사랑의 언어입니다. 연인이 문제가 발생한 후 공간이 필요하면 나중에 다시 모여서 이야기하십시오. 받는 것보다 더 많이 주고 있다고 느끼거나 타협이 더 희생처럼 느껴지기 시작한다면, 제자리에 있는 표준과 경계를 재평가해야 할 때일 수 있습니다.

타협은 배우는 데 시간이 걸리는 기술입니다. 당신의 연인이 모든 일을 하고 있고 당신은 체크아웃했다고 느끼기 때문에 화를 내는 지경에 이르도록 하지 마십시오. 다시 참여하려면 소유하는 것이 좋습니다. "네가 옳다, 제가 틀렸어"라고 말하는 것은 괜찮다는 것을 기억하십시오.

의사소통하다

기술 4: 의사 소통

연인과의 효과적인 의사 소통은 상호 존중을 구축해 줍니다. 의미는 간단합니다. 사람들은 공감합니다. 그들은 뭔가 잘못되었을 때 매우 미묘한 수준으로 이해할 수 있습니다. 따라서 의사 소통은 존중을 강화하는 데 도움이 됩니다. 또 그 의사소통을 통해서 연인이 생각하는 것을 추측할 수 있습니다. 오해를 피하고 신뢰를 구축하는 데 도움이 됩니다. 연인이 서로를 지원할 수 있습니다. 그것은 연인이 사랑에 빠지도록 돕고 기분에 좋습니다.

다음에 중대한 불일치에 대한 어려운 대화로 넘어갈 때는 아무리 힘들어도 적극적으로 경청하는 사람이 되기 위해 노력하십시오. 이것은 복잡한 기술 세트로 작동합니다. 주의 깊게 경청하기 위해 최선을 다하고 연인이 당신의 말로 말한 것을 반복함으로써 그렇게 하고 있음을 보여줍니다. 예를 들어, "저축이 중요하다고 해서 지출을 좀 더 지켜봐야겠습니다." 또는 "제가 너무 일을 하면 외로울 것 같아서, 가능한."

눈을 마주치고, 손을 잡고, 고개를 끄덕이는 것과 같은 작은 몸짓으로 여기에서 연결 상태를 유지하세요. 이것은 당신과 당신의 연인이 상대방이 아닌 동료처럼 느끼게 해줍니다. 중요한 토론을 할 때 휴대 전화와 노트북을 멀리 치워 두십시오! 대화를 중단하는 데 사용할 수 있는 "안전한 단어"를 고려할 수도 있습니다.

여기에 비밀이 있습니다. 하루 일과가 끝날 때 10분 정도 시간을 내어 연인이 감정을 토하게 하면 연인이 자신의 감정을 표현할 수 있고 긍정적인 의사 소통 채널이 열립니다. 안주하는 것은 관계를 순식간에 죽일 수 있음을 기억하십시오. 당신의 연인이 당신에게 무언가를 요구하고 그것이 불공평하다고 느껴진다면, 당신 자신을 표현하고 생각을 공유해야 합니다. 연인과 이야기하고 의사 소통하여 이해할 수 있도록하십시오. 반면에, 너무 밀어붙이고 너무 멀리 갔다면 "네 말이 맞아, 제가 틀렸어"라고 말하는 것이 괜찮다는 것을 기억하십시오.

네가 있었던 것은 너의 잘못이 아니라고
건강한 파트너십을 유지하는 데 무엇이 필요한지 결코 가르치지 않았습니다.
그러나 경고했다. 이 책을 읽은 후에는,
여러분은 변명의 여지가 없습니다!

5장: 당신은 당신의 연인과 함께 행복하기 위해 존중받아야 할 필요가 있습니다.

**당신은 당신 관계의
기초가 되는 바위입니다.**

이 장에서는 당신이 행복하기 위해 연인이 존중하고 존중해야 할 네 가지 요구 사항에 대해 배울 것입니다. 이 중 하나라도 짓밟히면 불행합니다. 당신은 언제 당신의 필요에 대해 연인과 이야기 했습니까? 당신의 연인은 그들이 존재한다는 것을 알고 있습니까?

저는 당신이 우리가 바위라고 부르는 관계의 다리의 기초라고 생각해야 합니다. 기억하십시오. 당신은 기초의 반석입니다.

다음 장에서는 파트너의 네 가지 요구 사항에 대해 배웁니다. 파트너의 네 가지 요구 사항을 재단이 지원하는 다리의 기둥으로 고려하십시오. 이것들은 교량의 주요 구성 요소입니다. 기초가 약하면 기둥도 약하다. 기초와 기둥이 튼튼해야 다리도 튼튼합니다. 파트너의 모든 요구 사항을 충족하면 강력한 다리를 만든 것입니다. 그래야만 연인이 네 가지 요구 사항을 존중하고 지원할 것입니다.

연인에게 필요한 것이 원하는 것과 매우 다를 수 있습니다. 필요는 공기와 물과 같이 절대적인 요구 사항이며, 원하는 것은 원하는 것입니다. 관계에서는 둘을 혼동하기 쉽습니다.

요구 사항을 충족시키는 것은 요구 사항만큼 중요할 수 있습니다. 게임에 돈을 쓰고 저축한 특별한 것을 사는 것은 필요와 혼동될 수 있습니다. 사실은 그렇지 않지만 인생을 가치 있게 만드는 것은 확실합니다. 청구서를 지불하기 위해 돈을 벌고, 아이들을 돌보고, 돕고, 연인을 돌보는 것이 필요합니다. 그러나 이 모든 노력을 기울인 후에도 자신의 필요나 욕구가 거부되면 타격을 받는 것처럼 느껴질 수 있습니다.

목표는 연인이 원하는 것을 갖도록 하는 것입니다. 그러나 이것은 그들의 요구가 충족되는 경우에만 발생할 수 있습니다. 이것은 인간의 본성과 상식일 뿐입니다. 필요는 모두에게 필수적이며 중요합니다. 당신의 관계에서 안전함, 성공 또는 행복을 느낄 필요가 있습니다. 재미있고 사랑스러운 연인과 연결이 필요합니다. 필요와 욕구의 차이점을 이해할 때는 우선 필수품에 초점을 맞추는 것이 좋습니다. 그런 다음 연인에게 원하는 것을 전달하십시오. 당신의 파트너도 원하는 것이 있다는 것을 기억하십시오.

현실은 필요와 욕구가 모두 충족되고 삶이 흔들리고 대부분의 경우 파트너십이 건강할 때입니다. 당신의 욕구를 충족시키려면 파트너의 요구를 충족시켜야 합니다.

다리로서의 파트너십의 비유를 계속해 보겠습니다. 우리는 이미 당신이 기초임을 확인했습니다. 마지막 조각은 기둥에 앉는 지지대입니다. 지지대는 기둥을 흔들고 기초를 흔들 수 있는 일상적인 문제입니다. 이에 대한 자세한 내용은 6장에서 배우게 됩니다.

당신을 행복하게 하는 것에 대해 알아보자. 이 중 일부는 귀하에게 적용되고 일부는 적용되지 않을 것입니다. 당신에게 맞는 것을 사용하십시오. 다음은 네 가지 기본적인 인간의 필요에 적용하는 레이블입니다.

- 필요 1: 제가 좋아하는 것
- 필요 2: 제가 좋아하지 않는 것
- 필요 3: 제가 형편없는 것
- 필요 4: 제가 싫어하는 것

이 네 가지 요구 사항을 이해하고 존중한다면 간단합니다. 당신은 행복해
질 것입니다!

당신은무엇을알고당신은행복하고싶어

필요 1: 제가 좋아하는 것

첫 번째 욕구는 행복하기 위해 삶에서 원하는 것으로 정의됩니다. LIKE 필요는 삶을 가치 있게 만드는 것, 즉 모든 것을 가진 것처럼 느끼는 것입니다. 당신의 연인이 당신의 LIKE를 존중할 때 인생은 흔들립니다. 그렇지 않으면 연인에게 분개하고 불행해지기 시작합니다.

다음은 LIKE 요구 사항에 해당하는 몇 가지 일반적인 사항입니다.

필요하고 원함: 필요하고 원함을 느끼고 싶은 욕구는 약간의 방식으로 나타날 수 있습니다. 칭찬을 받고 집으로 가는 길에 머리카락을 쓰다듬는 손... 조금만 신경을 써도 아프지 않습니다. 이것을 더 원하면 더 주십시오. 당신의 연인이 "당신은 훌륭합니다"라고 말할 때 기분이 좋습니다. 그들이 당신을 원한다고 말할 때 더 좋습니다.

동반자 관계: 이것은 가장 친한 친구에게 전화를 걸고 어울릴 수 있는 재미있고 사랑스러운 연인이 필요합니다. 당신이 항상 주변에 있고 즐길 수 있는 사람. 당신을 좋아하는 파트너. 떼려야 뗄 수 없는 두 사람의 파트너십.

경쟁력: 경쟁하고 이기려는 욕구는 친구와의 게임이든 팀을 응원하는 게임이든 상관없이 아드레날린이 솟구치는 것입니다. 서두르는 것은 승리에 대한 생각입니다. 끝까지 엔돌핀을 뿜어내, 자기야! 자연스럽고 살아있음을 느끼게 합니다. 그러나 연인과 경쟁하지 마십시오. 그냥 말하십시오.

수정 사항: 구두로 수정하든 물리적으로 수정하든 상관없이 완료되면 기분이 좋습니다. 당신이 그것을 끝내면 그것은 당신의 자존심에 대한 뇌졸중입니다. 당신은 이것을 가지고 있습니다! 방금 한 일에 대한 실마리가 없더라도 기분이 너무 좋습니다. 따라서 여기에서는 긍정적인 피드백만 원합니다!

용서: 용서하지 않으면 계속 화를 낼 것이기 때문에 용서의 필요성은 매우 중요합니다. 용서할 수 있다는 것은 정신적 자유의 한 형태입니다. 방해하지 마세요. 다른 중요한 활동을 걱정하지 않고 진행할 수 있도록 용서하는 것이 중요합니다. 여기의 내부 메시지는 나쁜 모조가 아닙니다. 문제를 빨리 해결하고 용서할수록 더 빨리 재미있는 상태로 돌아갈 수 있습니다.

성: 성생활은 신체적, 영적, 정서적으로 전반적인 웰빙에 영향을 미칩니다. 그것은 당신이 여전히 당신의 게임을 가지고 있고 당신이 최고이기 때문에 엉망이 될 사람이 아니라는 느낌을줍니다. 사용하지 않으면 잃게 됩니다. 연인이 이것을 이해하지 못한다면 이것이 현실임을 이해해야 합니다. 살아 있음을 느끼려면 섹스가 필요합니다. 귀하의 요구는 어떤 방식으로든 충족되어야 합니다. 이러한 특정 사이트는 자체적으로 수십억 달러를 벌지 않습니다. 그들은 도움이 필요합니다.

크게 생각하기: 인생의 목적에 연료를 공급하고 싶습니까? 다음 여행, 콘서트, 거래, 경력 변경, 시작 또는 기타 하고 싶었던 일에 대해 크게 생각하고 꿈을 꾸십시오. 당신 뒤에 있고 당신을 지원하는 연인이 있다는 것은 소중한 것 입니다. 꿈이 무너지면 자존감도 무너져 불안을 촉발합니다. 이것이 바로 당신의 옆에 놀라운 연인이 있다는 것이 중요한 이유입니다. 그들은 당신이 승리했을 때 당신과 함께 축하하고 상처를 핥고 일이 계획대로 되지 않을 때 조각을 집어들도록 도와줍니다. 큰 꿈은 때때로 재조정하거나 조정해야 하며, 어떤 경우에는 모든 것을 제공했지만 성공하지 못했다면 꿈을 버리고 새로운 꿈을 찾는 것이 좋습니다.

장난감, 가제트, 취미 또는 스포츠: 재충전 시간은 정신적, 육체적 건강을 강화하는 동시에 웰빙을 강화하는 데 도움이 될 수 있습니다. 그것은 단순한 정신적 도피 그 이상입니다. 이러한 활동을 통해 목적을 가지고 살아 있음을 느낄 수 있습니다.

환기: 긴장을 풀고 환기를 시키고 마음을 버려야 할 필요성은 건강한 삶을 사는 데 매우 중요합니다. 중요하고 중요하지 않은 주제에 대해 연인과 이야기할 수 있고 종료되지 않는 것이 필요합니다. 당신이 깨닫든 깨닫지 못하든, 모든 사람은 때때로 경청해야 합니다. 그것은 당신을 포함합니다! 궤도에 있는지 아니면 경로를 벗어나 있는지 확인하는 방법입니다. 당신의 연인이 당신의 공명판이 됩니다. 말을 잘 들어주는 연인에게 마음을 전하는 것의 좋은 점은 그것이 당신을 더 가깝게 만든다는 것입니다. 연결이자 유대입니다. 그들의 관심과 사랑이 드러납니다.

연인이 이러한 '좋아요'를 존중하고 존중하면 일이 간단하고 행복해집니다. 이 LIKES 중 하나를 밟았을 때, 당신의 반응은 매번 똑같습니다.

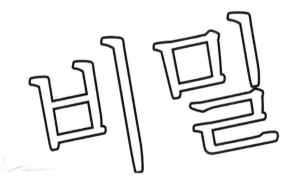

내가싫어하는것

끊임없는불평

'화이팅'

틀리는것

틀리는것 관심과 잔소리

격렬한논쟁
과거가생각나다

통제받는중
쓰레기

비밀

필요 2: 제가 좋아하지 않는 것

이 두 번째 필요는 조금 이상합니다. 당신이 좋아하는 것에 대한 존중이 필요한 만큼, 당신은 또한 연인이 당신이 좋아하지 않는 것에 대한 당신의 선호도를 존중해주기를 기대합니다. 당신의 연인이 당신이 하기 싫은 일을 끊임없이 하기를 기대한다면 폭탄이 터지는 것처럼 느껴질 수 있습니다. 분노, 좌절, 원한과 같은 부정적인 감정이 시작됩니다.

다음은 친숙하게 느껴질 수 있는 몇 가지 일반적인 싫어요입니다.

쓰레기 처리: 쓰레기 처리는 당신의 자존심을 짓누르는 일입니다. 특히 "당신이 그 일을 하는 방식이 싫어요. 반말이었습니다." "내년에 그 프로젝트를 언제 완료할 예정입니까?" "더 잘할 수 있었을 텐데." "다음에는 자기가 하는 일을 잘 아는 사람을 고용하겠다!" 그런 종류의 댓글은 비꼬는 것 외에는 아무런 효과가 없습니다. 노 부에노!"

집안일: 집안일을 좋아하지 않습니까? 누가 합니까? 어렸을 때부터 '하찮은 일'이라는 말을 들으면 마치 칠판에 못이 박히는 소리가 들리는 것 같아서 언덕을 향해 달려갑니다. 그래서 연인이 생기는 거죠, 그렇죠? 시작하지 않으면 파트너의 끝을 결코 들을 수 없습니다. 대부분의 경우, 당신은 그들이 당신의 어머니처럼 느껴집니다. 그냥 돌봐주면 안되나요? 하지만 분명히 하자. 집안일을 좋아하지 않는다고 해서 짐을 분담하는 것을 건너뛰는 것은 변명의 여지가 없다. 당신이 좋아하지 않는 것과 시작하는 것이 더 행복한 것에 대해 연인과 이야기하십시오.

끊임없는 불만: 누군가가 항상 불평하는 것을 듣고 싶지 않습니까? 한 연인이 항상 부정적일 때 긍정적이고 행복한 상태를 유지하는 것은 어렵습니다. 의사 소통 기술을 활용하십시오. 정중한 질문을 하고 모든 불만의 근본 원인을 파악하기 위해 지원을 제공하십시오.

격렬한 논쟁: 외치는 시합이나 통제력 상실이 마음에 들지 않습니까? 이러한 상황에서 당신은 항상 연인을 무시하고 의도하지 않은 말을 하는 경향이 있습니다. 당신은 때때로 한 번에 한 단어씩 천천히 입에서 나오는 단어를 봅니다. 그런 다음 큰 소리로 생각합니다. "세상에, 제가 방금 뭐라고 했지?" 오! 우리는 그 말을 되돌릴 수 있기를 바랍니다. 그렇지 않으면 평생 동안 우리를 괴롭힐 것입니다.

잔소리: 간단히 말해서 잔소리는 모욕적이고 짜증나는 것입니다. 당신의 연인이 당신을 잔소리하는 것을 좋아하지 않습니다. 그럴 자격이 없다면 연인에게 이유 없이 왜 당신을 괴롭히는지 물어보세요. 그러나 너무 방어적이 되기 전에 생각해 보십시오. 깊숙이, 당신은 당신이 그것을 촉발했기 때문에 잔소리를 받고 있다는 것을 알 수 있습니다. 잘못된 기대를 했거나 약속을 지키지 않았습니까? 그 집 프로젝트를 끝내지 못한 이유에 대해 연이어 변명을 했습니까? 한편, 당신의 연인은 당신이 재미있는 활동을 할 시간이 있다는 것을 알아차립니다.

라켓볼 효과: 공을 칠 때 마음에 들지 않고 바로 뒤로 쳐집니다. 예를 들어, 당신은 대화를 하고 있는데, "저는 당신의 가장 친한 친구가 마음에 안 들어요." 연인은 즉시 그것을 다시 로빙합니다. 그들은 당신의 친구도 좋아하지 않습니다. 아니면 이것을 인식합니까? 당신은 연인이 한 약속을 지키게 하고, 당신이 형을 마치기도 전에, 그들은 정신 서류 캐비닛으로 가서 당신이 몇 년 전에 한 약속 중 당신이 지키지 않은 약속을 끄집어냅니다. 이 사람이 10분 전에 열쇠를 어디에 두었는지 기억하지 못하는 바로 그 사람이라는 사실을 염두에 두지 마십시오. 이것이 라켓볼 효과입니다.

과거: 당신의 연인이 관계에서 그들을 괴롭히는 모든 것의 날짜, 시간, 분을 회상하면 파트너쉽이 확실히 약화됩니다. 과거의 문제를 꺼내 현재의 문제와 섞는 것은 최악이다.

선의의 거짓말: 선의의 거짓말은 하기 싫은데 소리를 지르거나 욕을 하는 것보다 쉬운가요? 이것은 보통 의견 차이가 있을 때 발생하며, 당신이 충족하거나 만족시킬 수 없는 부당한 요구를 연인이 한다고 생각할 때 발생합니다. 그렇게 하얀 거짓말이 시작된다. 그것은 당신의 행동과 그에 따른 허튼 소리를 설명하지 않고 독립적인 결정을 내려야 할 필요성에서 비롯됩니다.

항상 나를 바라보는 상대의 의견
누구보다 중요합니다.

내가빠는것

도움을요청

하기싫은
활동을하다

당신이틀
렸다는것
을인정

작업완료

세부

긴대화

책임감

허드렛일

필요 3: 제가 싫어하는 것

이 세 번째 요구도 이상합니다. DON'T LIKEs와 마찬가지로 당신이 잘하는 것은 존중받아야 결정에 만족할 수 있습니다. 하기 싫은 일을 억지로 하게 되면 어린 시절의 모든 불안이 시작됩니다. 당신은 과거에 당신이 충분히 기분이 좋지 않았던 때가 생각납니다.

앤써니 보더인은 "'suck at'의 반대말은 무엇입니까? 잘 못하지 않아?" SUCK AT 영역에 있을 때의 문제입니다. 쉬운 탈출구는 없습니다.

이러한 일반적인 SUCK AT 상황과 관련이 있습니까?

당신이 틀렸음을 인정하는 것: 이것은 당신이 잘못된 선택을 했다는 것을 인정하는 것과 같습니다. 하지만 당신은 방에서 가장 똑똑한 사람입니다. 어떻게 당신이 틀릴 수 있습니까? 연인이 당신이 틀렸다고 지적할 때 특히 마음이 아픕니다. 듣기 부끄럽고 연인이 "제가 틀렸다"라는 말을 입에서 나오도록 요구하는 것보다 더 굴욕적인 것은 없습니다.

도움 요청: YouTube, 어려운 주택 프로젝트를 도와주셔서 감사합니다. 하지만 인터넷이 다운된다면? 어떻게 하시겠습니까? 당신의 대답을 얻었다. 당신의 자존심이 도움을 청하는 데 방해가 될 것이기 때문에 아무것도 아닙니다. 왜요? 당신이 그것을 잘 못하기 때문에!

일 완성: 일을 제시간에 끝내는데 어려움을 느낍니까? 아니면 전혀 완료하지 못합니까? 작업이 큰 보상을 제공하지 않는 한 우선 순위가 아닙니다. 개는 치료를 기대하며 귀 뒤의 흠집은 결코 아프지 않습니다. 좋은 행동에 대해 보상하는 연인은 결코 해를 끼치지 않습니다. 따라서 좋은 행동에 대한 보상을 받으십시오. 그 외에는 작업을 완료하는 데 실패할 것입니다.

세부 사항: 세부 사항에 집착합니까? 세부 사항을 처리하는 데 너무 많은 시간이 걸립니다. 짧고, 빠르게, 승/패가 갈릴 정도로 탔다 나갔다. 우리는 즉각적인 만족이 일반적이고 멀티태스킹이란 피자를 주문하고 동시에 게임을 보는 세상에서 살고 있습니다. 다른 모든 것은 너무 상세하고 우리는 그냥 지겹습니다.

긴 대화: 연인이 긴 대화를 해야 할 때 SUCK AT 응답이 트리거됩니다. 당신의 연인이 주제의 세부 사항을 설명하기를 원하고 당신이 모든 편지를 듣기를 원할 때, 당신은 귀뚜라미의 집중 시간을 가지며 달콤하고 짧은 정보가 필요합니까? 세부 사항이 역할을 해야 할 때 마음은 멀티태스킹을 수행합니다. 예를 들어, 그들은 말하고 있고, 우리는 듣고 있지만 피자에 대해 무엇을 원하는지 생각하기도 합니다. 윈/윈이죠? 저는 아직도 듣고 있다.

자신의 의견 유지: 불가능합니다. 의견이 있으면 어떤 식으로든 나올 것
입니다.

내가싫어하는것

섹스를구걸
통제받는중
조작되는중
자신을따라잡기

말을들으려면말
을해야한다
해야할일
고함을당하다

필요 4: 내가 싫어하는 것

이 네 번째이자 마지막 요구 사항도 이상합니다. 당신이 당신의 연인과 행복할 수 있도록 존중해야 하는 것은 당신이 싫어하는 것입니다. 당신이 싫어하는 일을 강요당할 때, 당신의 싫어하는 욕구가 촉발될 것입니다. SUCK AT가 자존감 문제를 촉발할 수 있는 곳에서 싫어함은 당신을 분노와 분노로 곧장 데려갈 것입니다.

다음은 몇 가지 일반적인 HATE 상황입니다. 정직하세요. 공감할 수 있니?

섹스를 구걸: 섹스를 구걸해야 하는 욕구가 HATE 욕구를 유발하는 가장 높은 순위에 올랐습니다. 당신의 연인이 당신을 끊거나 구걸해야 할 때, 당신은 그 당시 평범한 사람이 아닙니다. 투덜거리며 구걸하는 자신을 발견할 수도 있습니다. 당신은 단순히 비참합니다. 당신은 당신의 필요를 충족시키기 위해 다른 사람에게 원하지 않는 일을 할 것입니다. 교만, 겸손, 자만심은 모두 창밖으로 던져집니다. 성적 요구 사항이 충족되면 다른 방향으로 시선을 돌리고 자신을 정리하고 중단한 부분부터 다시 시작합니다.

통제당하기: 연인이 모든 결정을 내리고, 당신의 말을 듣지 않고, 균형 잡힌 책임 없이 막대한 기대를 하고 있다면, 당신은 통제를 받고 있는 것입니다. 말을 한 적이 없는 것 같습니다. 무력감입니다.

조종당함: 누가 조종당하는 것을 좋아합니까? 다시 말하지만 아무도 없습니다. HATE의 핵심이 발동되는 이유다. 당신은 조종당하는 것을 싫어하고 현명해지는 것을 좋아하지 않습니다. 왜냐하면 그것은 당신이 상황을 통제할 수 없다는 것을 의미하기 때문입니다. 이제 제가 HATE가 필요하다고 말하는 이유를 이해했습니까?

스스로를 관리하는 것: 일부 연인은 "나는 네 어머니가 아니야."라는 문구로 당신을 뒤따르는 데 반대합니다. 우리 대부분은 어머니와의 관계에 민감하기 때문에 기본적인 보살핌을 위해 여전히 어머니를 원하거나 필요로 한다고 말하는 것이 문제입니다.

우리는 대화가 필요해: "우리는 대화가 필요해"라는 네 단어만큼 파트너의 마음에 두려움을 주는 네 단어는 없습니다.

이제 다시 돌아가서 이 네 가지 범주(좋아요, 싫어요, 싫어요, 싫어함)에 속하는 항목에 대해 생각해 보십시오. 처음으로 스스로에게 인정하는 것들이 있을 수 있습니다. 그런 다음 연인과 공유하여 연인이 같이 이해를 할 수 있도록 합니다. 연인이 이미 알고 있다고 가정하지 마십시오. 여기서 목표는 두 사람 모두 자신의 필요를 인정하는 것입니다.

다음으로 파트너의 핵심 요구 사항을 해결할 때입니다. 당신은 관계에서 단절의 진정한 원인을 이해하는 중입니다. 파트너의 요구 사항을 알고 이를 해결하는 방법을 이해했다면 이제 시작입니다!

6장: 당신의 연인은 행복할 수 있도록 당신이 존중해야 할 필요가 있습니다.

연인이 자신의 요구 사항을 충족하도록 도울 때,
당신은 당신이 할 수 있는 최고의 연인이 됩니다.

당신은 당신의 연인을 행복하게하고 싶지 않아? 사랑, 존경, 우정으로 연인을보고 싶지 않습니까? 당신의 연인이 당신이 중요한 유일한 존재인 것처럼 당신을 바라보는 것을 원하지 않습니까? 당신의 연인이 당신을 믿을 수 있다는 것을 알기를 원하지 않습니까? 당신의 연인이 당신이 그들을 진정으로 보호 할 사람이라는 것을 알기를 원하지 않습니까? 그렇다면 이 장은 훌륭한 파트너십의 비밀 소스입니다. 파트너십이 실패하는 이유에 대한 가장 간단한 설명은 파트너의 요구가 충족되지 않았기 때문입니다. 우리는 당신의 연인이 틱하게 만드는 것과 그들이 생각하는 것에 대해 이야기할 것입니다(판도라의 상자를 열지 않고).

파트너의 네 가지 요구 사항이 다리의 기둥이라는 것을 기억하십시오. 당신의 필요가 충족되면 기초가 튼튼합니다. 파트너의 기둥이 다리를 지탱합니다. 일반적으로 집에서 모든 것이 원활하게 진행되도록 유지하면서 다리를 지탱하는 것은 파트너입니다. 기초와 기둥이 튼튼해야 다리도 튼튼합니다.

여기 기둥이 있습니다. 당신은 그들의 약어로 그들을 기억할 수 있습니다: BEST. 연인이 이 네 가지 요구 사항을 충족하도록 도울 때 가능한 최고의 연인이 됩니다.

- 균형/사랑
- 평등
- 보안
- 신뢰

당신의 임무는 파트너의 기둥이 절대 손상되지 않도록 하는 것입니다. 당신의 역할은 파트너의 필요를 존중하고 존중하는 것입니다. 이렇게 하려면 파트너의 요구 사항을 지원해야 합니다. 그것은 당신이 저지른 네 가지 실수를 이해하는 것으로 시작됩니다. 이 전구가 켜지면 당신의 선택이 연인에게 어떤 영향을 미치는지 이해하게 됩니다. 이제 당신과 당신의 관계를 위한 새로운 여정이 시작될 수 있습니다.

사실은 행동을 수정해야 한다는 것입니다. 당신이 기초라는 것을 기억하십시오. 재단이 먼저 자리를 잡아야 합니다. 이것은 당신의 요구가 충족되지 않은 이유를 이해할 때 시작되지만 파트너의 요구가 충족되지 않으면 당신도 충족될 방법이 없습니다. 일단 당신이 이것을 얻으면, 우리는 마침내 행복한 파트너십을 갖는 것과 같은 페이지에 있습니다. 동의하지 않으면 행운을 빕니다.

각 기둥은 매일 발생하는 문제의 영향을 받는다는 것을 알게 될 것입니다. 당신이 긍정적이고 지지적이라면 기둥은 영향을 받지 않습니다. 부정적이고 반응이 없으면 기둥에 손상을 줄 수 있습니다. 당신이 부정적이고 무반응일수록 더 많은 균열이 생길 것입니다. 균열이 많을수록 기둥이 약해집니다. 네 가지 기둥이 모두 약하면 관계가 무너질 수 있습니다. 당신의 임무는 기둥에 균열이 없는 관계를 유지하는 것입니다.

균열을 감지할 수 있는 한 가지 방법은 연인이 주의를 끌기 위해 만드는 소음입니다. 잔소리라고 할 수 있습니다. 당신의 연인이 항상 당신에게 있다면, 당신은 고칠 균열이 많이 있는지 추측하십시오. 물론 당신은 그것들을 무시하고 잔해만 남을 때까지 고통스럽고 투쟁적인 삶을 살 수 있습니다.

각 기둥을 고정하는 것은 초기에 주의와 많은 작업이 필요하다는 것을 이해하십시오. 한동안 점검하지 않은 다리라고 생각하시면 됩니다. 하룻밤 프로젝트가 아닙니다. 각 기둥은 고유하며 이를 수정하려면 특정 도구와 기술이 필요합니다. 납작한 머리가 필요할 때 십자 드라이버를 사용하여 문제를 해결하려고 하면 제대로 작동하지 않습니다. 우리는 다음 장에서 모든 것을 다룰 것입니다.

좋은 소식은 이 기둥이 한 번에 하나의 균열을 수리할 수 있다는 것입니다. 깊은 균열에는 시간이 걸리지만 신중하고 일관된 노력과 올바른 도구를 사용하면 항상 희망이 있습니다. 희망은 파트너의 인생에서 가장 큰 선물 중 하나입니다. 희망이 없었다면 당신의 연인은 오래전에 떠났을 것입니다.

따라서 파트너의 네 가지 요구 사항에 대해 알아보고 각 기둥을 지탱하는 데 필요한 것이 무엇인지 생각해 보겠습니다. 각 기둥이 누적한 피해량을 평가하기 전에 속도를 조금 늦춰봅시다. 이 장을 읽을 때 파트너의 요구 사항을 무시했을 수 있는 부분을 이해하기 위해 과거 경험을 되돌아보십시오.

균형

품질시간이중
요합니다.
스포츠와취미에
는균형이필요합니다.

파트너
의문제를
해결하지
마십시오
잘들어라

필요/기둥 1: 균형/사랑

고르지 못한 기둥은 불안정하고 흔들리는 다리를 만들고, 다리처럼 불균형한 관계는 무너질 위험이 있습니다. 균형이란 저녁 요리, 청소, 세탁, 식료품 쇼핑, 아이들 재우기 등 연인이 도움이 필요할 때 연인을 대신할 수 있는 것을 의미합니다. 연인이 일반적으로 이러한 활동을 하고 지쳤을 때 요청하지 않고 뛰어드는 방법을 알아야 합니다. 균형 기둥의 균열을 수정하는 열쇠는 2장에서 논의한 것처럼 연인을 무시하고 무시하는 것을 멈추는 것입니다.

관계 균형에 영향을 미치는 원인

모든 사람이 직면하는 이러한 요인을 중심으로 관계의 균형이 어려워집니다. 다음 장에서 일상 도구에 대해 알아보겠습니다.

·   가족
·   친구들
·   습관
·   건강
·   취미 및 스포츠
·   어린이
·   환기
·   일하다

관계 균형에 영향을 미치는 "수하물" 문제라고 부르는 더 복잡한 문제가 있습니다. 그들은

·   중독
·   우울증
·   부족하다고 느끼는 것
·   트라우마

이 책은 가장 많이 사용되는 일상 도구 몇 가지를 다룹니다. 더 많은 도구 및 수하물 문제를 보려면 다음으로 이동하십시오.
http://www.당신은옳고내가틀리다.kr

균형 잡힌 관계는 팀워크가 필요한 상황에서 함께 모이는 것을 의미합니다. 이것은 연인이 연인 관계의 상태에 대해 긍정적으로 생각하고 건강에 자신감을 갖도록 자극하는 순간입니다. 안정적인 홈을 찾는 것은 새로운 규범에 대한 균형, 평등, 안전 및 신뢰를 만드는 데 도움이 됩니다. 당신의 관계에서 균형을 찾을 수 있을 때, 당신은 같은 호흡으로 "저는 내 삶과 연인을 사랑합니다"라고 말할 수 있습니다. 둘은 공생하게 됩니다.

균형을 유지한다는 것은 연인이 직장에서 곤경에 처하거나, 가족에게 비극이 있거나, 날씨가 좋지 않아 평소의 할 일 목록을 완료하는 데 어려움을 겪을 때 한 걸음 더 나아가는 것을 의미합니다. 도움을 주기 위해 앞장서고 있습니다. 연인에게 묻지 마세요. 아이들을 데리러 가서 축구 연습에 데려가거나 저녁을 요리하거나 집안일을 하십시오. 당면한 일이 무엇이든 참석하십시오. 이것은 균형 잡힌 가정과 관계를 만들 것입니다.

파트너쉽을 만드는 것은 주고 받는 것입니다. 그것은 관계의 음과 양이라는 양방향으로 진행됩니다. 아마도 도교에서 가장 잘 알려진 철학인 음양은 두 개의 반쪽이 함께 무언가를 온전하게 만든다는 생각을 가르쳐줍니다. 또한 변화의 시작점을 나타냅니다.

예를 들면 다음과 같습니다. 토요일 아침이고 그날 저녁 25명의 친구를 위한 만찬을 엽니다. 파트너십이 최고의 성과를 낼 때입니다. 귀하와 귀하의 파트너 모두 귀하의 역할을 이미 알고 있으며 모든 것이 차질 없이 진행됩니다. 이것은 두 사람이 약속한 50/50 파트너십의 실제 지표입니다. 당신이 음악을 틀고 그림을 준비하는 동안 연인은 집을 마련하고 손님을 맞이하기 시작합니다. 저녁 식사가 끝나면 한 사람은 설거지를 하고 다른 한 사람은 커피를 준비합니다. 모든 일이 끝날 즈음에는 몸도 마음도 지쳤지만 이 모든 과정을 거치는 동안 스트레스가 상대적으로 적어 만찬을 마음껏 즐길 수 있었습니다. 그 때 당신과 당신의 연인이 항상 이런 종류의 균형 잡힌 파트너십을 가질 수 없는 이유에 대한 변명의 여지가 없다는 것을 깨달았을 때입니다.

스스로에게 물어봐야 할 질문: 파트너십에서 그러한 수준의 균형을 유지하는 데 방해가 되는 것은 무엇입니까? 취미나 운동을 할 때 균형이 있다고 생각합니까? 몸매를 유지하는 것도 중요하지만 볼링이나 소프트볼 리그, 축구, 골프 또는 기타 활동에서 주말마다 게임을 하는 경우 집에 와서 한 게임에 집중하고 판타지 야구 또는 축구 팀에서 작업하십시오. 저녁 식사, 균형을 잡을 시간이 없습니다. 일요일 아침에 스포츠 해설자의 말을 듣고 있으면 연인이 시간을 낼 수 없습니다. 이것은 균형 잡힌 파트너십이 아닙니다. 무언가는 포기해야 하고, 바라건대, 그것은 당신의 연인이 아닙니다.

2장에서 파트너로서 가장 먼저 저지르는 실수는 연인을 무시하거나 무시하는 것이라고 설명했습니다. 이것은 균형 기둥에 직접적인 영향을 미칩니다. 따라서 일상적인 문제와 관련하여 파트너의 균형 기둥이 손상되지 않도록 하는 것이 당신의 일입니다.

평등

파트너의
목소리가들리다

필요/기둥 2: 평등

관계에서 평등이란 연인이 목소리를 낼 수 있도록 파트너의 생각, 의견 및 제안을 존중하는 것을 의미합니다. 당신의 연인은 당신이 그들을 위해 하는 일을 인정합니다. 그 대가로 당신은 연인이 당신을 위해 하는 모든 일에 대해 연인을 인정합니다. 당신의 연인이 완전히 개방적이고 정직하다면, 당신도 같은 방식으로 행동해야 합니다. 당신이 대우받고 싶은 대로 또는 그 이상으로 연인을 대우하십시오. 그래야만 평등한 파트너십을 향한 길을 가는 것입니다. 평등 기둥의 균열을 수정하는 열쇠는 2장에서 논의된 것처럼 파트너십에서 자격이 있다는 느낌을 멈추는 것입니다.

관계 평등에 영향을 미치는 원인

올바르게 처리하지 않으면 파트너십에 영향을 미칠 수 있는 일상적인 문제가 있습니다. 다음 장에서 일상 도구에 대해 알아보겠습니다.

- 인수
- 충돌방지
- 신념
- 감사의 부족
- 상호 존중
- 이기심
- 책임분담
- 목소리

평등에 영향을 미치는 수하물 문제는

- 약속
- 점수유지
- 상호 의존성
- 분노

이 책은 가장 많이 사용되는 일상 도구 몇 가지를 다룹니다. 더 많은 도구 및 수하물 문제를 보려면 다음으로 이동하십시오.
http://www.당신은옳고내가틀리다.kr

평등의 반대말은 불평등이다. 파트너의 말에 동의하지 않을 때 방해하거나 파트너에 대해 이야기하는 것입니다. 불평등은 모든 결정이 당신을 통해 이루어져야 한다는 믿음입니다. 불평등은 연인이 친구, 가족 또는 손님 앞에서 핀과 바늘 위를 걷는 경우입니다. 불평등은 소리를 지르거나, 물건을 세게 내리치거나, 자신의 주장을 주장하기 위해 방에서 뛰쳐나가는 것입니다. 불평등은 문제를 논의할 때 연인에게 "이해할 수 없다"고 말하는 것입니다.

양 당사자는 제가 권리에 대한 느낌을 피하기 위해 협력적 행동이라고 부르는 것을 기꺼이 복종하고 실천해야 합니다. 다시 말하지만, 여기에서 당신의 자아를 문 앞에 두고 가야 합니다.

예를 들어, 당신의 연인은 보통 저녁을 준비합니까? 어느 날 밤 집에 왔는데 연인이 집에 없다고 가정해 보겠습니다. 첫 반응은? 당신의 대답이 당신의 연인에게 전화를 걸어 저녁을 준비하기 위해 언제 집에 올 것인지 묻는 것이라면 당신은 지는 것입니다! 당신의 대답이 TV 저녁 식사를 직접 하고 맥주를 마시고 게임을 켜는 것이라면 당신이 이깁니다! 농담입니다 당신은 또한 잃습니다 대답은 연인이 하는 것처럼 부엌으로 가서 저녁을 요리하는 것입니다.

집에 음식이나 식료품이 없습니까? 차를 타고 식료품점에 가서 식료품을 사면 됩니다. 그런 다음 집에 와서 레시피를 읽고 저녁을 준비합니다. 당신이 똑똑하다면 연인이 집에 오면 보고 싶다고 말하고 키스하고 저녁 식사를 제공합니다. 완료되면 모든 것을 청소하십시오. 그것이 평등, 그것이 파트너십, 그것이 사랑입니다. 네가 이겼다!

평등은 존중과 파트너의 요구와 목소리가 당신만큼 중요하도록 하는 것입니다. 당신이 대우받고 싶은 대로 당신의 연인을 대우하십시오, 기간. 친구와 외출할 때 파트너의 말에 동의하지 않을 때 끼어들지 마십시오. 특히 당신이 동의하지 않을 때 연인이 끝내도록 하십시오. 누구도 방해받고 싶어하거나, 얕잡아보고, 더 심하게는 소리 지르기를 원하지 않습니다. 의견 차이가 시합을 고함치거나, 낮은 구타를 하거나, 무례하게 행동하는 것으로 끝날 필요는 없습니다. 두 개의 반은 전체와 같으며 50/50 분할입니다. 75/25가 아닙니다. 즉, 모든 결정의 75%를 결정하게 됩니다. 사진 가져와? 이해가 되세요?

소리지르거나 소리지르는 법을 배우는 것은 일반적으로 과거의 나쁜 프로그래밍 습관이며 절대 앞으로 나아가서는 안 됩니다. 기능 장애 환경을 위한 공간을 제공합니다. 여기의 목표는 파트너의 세계를 뒤흔드는 것입니다. 연인을 너무 잘 알기 위해서는 상대방이 알기도 전에 필요한 것이 무엇인지 예상해야 합니다. 이것은 정말 가능합니다. 저는 그것을 증명했고, 제가 그들을 잘 알고 있다는 사실에 내 연인은 화를냅니다. 당신이 그 목표에 도달할 때, 당신은 당신의 연인이 친구와 가족에게 이야기하는 것을 멈출 수 없는 사람이 될 것이며 그들이 진정으로 사랑하는 사람이 될 것입니다.

요구 사항/기둥 3: 보안

연인은 자신이 있고, 공개적으로 의사 소통하고, 감정적으로 안전하다고 느낄 때 관계에서 안정감을 느낍니다. 파트너십의 보안 부족은 의심, 혼란, 질투, 슬픔과 같은 여러 합병증을 유발할 수 있습니다. 보안 기둥의 균열을 수정하는 열쇠는 2장에서 논의된 것처럼 파트너십에서 잘못된 기대를 설정하지 않는 것입니다.

관계 보안에 영향을 미치는 요인

올바르게 처리하지 않으면 파트너십에 영향을 미칠 수 있는 일상적인 문제가 있습니다. 다음 장에서 일상 도구에 대해 알아보겠습니다.

- 정서적지지
- 좋은느낌
- 재정
- 질투
- 조작
- 스트레스
- 성질
- 무게

관계 보안에 영향을 미치는 수하물 문제는

- 남용
- 재정
- 용서
- 자아 존중감

이 책은 가장 많이 사용되는 일상 도구 몇 가지를 다룹니다. 더 많은 도구 및 수하물 문제를 보려면 다음으로 이동하십시오.
http://www.당신은옳고내가틀리다.kr

연인이 모든 면에서 안정감을 느끼게 하는 것이 인생 목표 중 하나여야 합니다. 다른 사람과 시시덕거리거나 지나치게 친절했다면 연인이 질투하는 분위기를 조성할 수 있습니다. 당신이 돈을 낭비했다면, 당신은 파트너의 보안에 대한 필요성을 유발할 수 있습니다.

연인이 완전히 연인이 된 지원 시스템 내에서 독립적으로 행동할 수 있도록 연인이 서로 권한을 부여할 때 관계의 보안이 제공됩니다. 이것은 정신적, 정서적 균형을 유지합니다. "연인에게 기대기"라는 용어는 보안 기둥을 수정하거나 유지하기 위한 은유적 및 문자 그대로 적용됩니다. 그것은 당신이 정신적으로, 육체적으로, 정서적으로 존재하여 어려움을 듣고 이야기할 수 있음을 의미합니다.

당신의 연인이 당신의 관계에서 불안정하다면, 당신이 그런 분위기를 설정했기 때문입니다. 이 말을 들은 첫 번째 반응은 동의하지 않을 수 있습니다. 다음으로, 방어적이거나 화니거나 죄절감을 느낄 수도 있습니다. 하지만 사실입니다. 당신의 파트너쉽에서 파트너의 안정감에 영향을 줄 수 있는 것은 사소한 파기, 모욕, 불만에 대한 언급입니다.

예를 들어, 당신은 당신의 파트너의 체중이 그들을 자의식으로 만든다는 것을 알고 있지만, 여전히 그들의 감정에 영향을 미치는 한 줄의 말을 합니다. 또는 그들이 몇 시간 동안 쇼핑을 할 때 집에 와서 어떻게 생겼는지 물어보면 그들이 선택한 것이 마음에 들지 않는다고 말합니다. 이 모든 것이 파트너의 보안에 중요한 역할을 합니다. 당신은 당신의 연인에게 힘을 실어주고 그들이 사랑받고 있다고 느끼게 하거나 당신의 연인을 비하하고 그들이 자의식적이고 부적절하다고 느끼게 만드는 것을 완전히 통제할 수 있습니다. 이것이 당신이 당신의 응답에 더 현명하지 못한 것에 대해 책임을 져야 하는 이유입니다. 부정적인 말을 하는 대신 긍정적인 말을 하십시오. 그렇지 않으면 파트너의 보안 기둥에 단독으로 균열을 일으킬 수 있습니다.

또한 연인과 의견이 맞지 않아 친구들 앞에서 연인을 헐뜯기 시작하면 상대방의 당황스러움과 불안함의 주범이 바로 당신입니다. 그러니 다음에 당신이 헐떡거리고, 헐떡이고, 집을 무너뜨리기 전에, 멈추고 당신의 연인을 존경심으로 대하고 대화를 나누십시오.

연인이 안정감을 느끼려면 재정적 안정이 필요하다는 것을 이해하십시오. 예를 들어, 당신은 많은 돈을 저축했고 지금 당신은 당신의 돈을 투자하고 싶지만 당신의 연인은 그것이 위험하다고 느낍니다. 이것은 꿈을 꾸고 크게 생각하려는 자신의 필요에 영향을 미치기 때문에 민감한 문제입니다. 당신의 연인은 당신이 생각하는 것보다 더 안전한 투자에 투자해야 한다고 생각합니다. 여기 딜레마가 있습니다. 당신이 움직이면 당신은 파트너의 보안에 대한 요구를 촉발하고, 그렇지 않으면 당신의 LIKE 요구를 촉발합니다. 여기에서 타협과 의사 소통에 대한 수업이 시작됩니다. 이것은 주고 받는 방법을 배워야 한다는 것을 기억하십시오. 때때로 당신은 당신의 꿈을 실현할 수 있고 때로는 연인이 그들의 꿈을 이룰 수 있도록 도와야 합니다. 파트너십에 보안을 제공하여 지원하는 것이 귀하의 일입니다.

104

필요/기둥 4: 신뢰

신뢰가 없다면, 당신에게 진정 무엇을 가지고 있습니까?

성공적인 관계의 기초에는 신뢰가 필요합니다. 신뢰가 부족하면 불안정한 파트너십이 발생합니다. 신뢰는 가장 중요한 관계 요구 사항입니다. 트러스트 필러는 손상되면 모든 필러에 동시에 영향을 줄 수 있는 무게를 지탱하는 필러로 생각하십시오. 실제적이고 회복할 수 없는 속임수를 사용하면 다리가 깃털을 지탱하지 못할 수도 있습니다. 신뢰 기둥의 균열을 수정하는 열쇠는 2장에서 논의한 것처럼 거짓말과 비밀을 막는 것입니다.

관계 신뢰에 영향을 미치는 원인

올바르게 처리하지 않으면 파트너십에 영향을 미칠 수 있는 일상적인 문제가 있습니다. 다음 장에서 일상 도구에 대해 알아보겠습니다.

·   경계
·   진실성
·   친밀감
·   생활스타일
·   관계 역학
·   두번째 추측
·   기술
·   선의의 거짓말

관계 신뢰에 영향을 미치는 수하물 문제는

·   · 포기
·   · 연결 끊김
·   이중 생활
·   심각한 거짓말

이 책은 가장 많이 사용되는 일상 도구 몇 가지를 다룹니다. 더 많은 도구 및 수하물 문제를 보려면 다음으로 이동하십시오.
http://www.당신은옳고내가틀리다.kr

존중과 마찬가지로 신뢰는 상호적이어야 합니다. 연인을 신뢰할 수 있다고 믿어야 합니다. 신뢰가 없으면 파트너에 대한 의심이 싹트게 됩니다. 신뢰는 관계에서 자유를 낳습니다. 신뢰가 없을 때 부정적인 가정은 연인 관계에 제약을 가하는 불안정으로 이어집니다. 불신은 뼛속까지 파고들 수 있습니다. 그렇기 때문에 문제가 발생할 때 연인이 지나치게 통제할 수 있습니다. 선의의 거짓말이 결코 단순한 선의가 아닌 것과 같은 이유입니다. 그것들은 항상 속임수의 지표입니다. 그렇기 때문에 선의의 거짓말에 걸리면 큰 싸움으로 번질 수 있습니다.

눈이 머는 것을 좋아하는 사람은 없습니다. 거짓말은 신뢰를 파괴합니다. 파트너의 신뢰가 무너지면 그 신뢰를 되찾는 것이 어려울 수 있습니다. 어떤 관계는 처음부터 신뢰를 깨는 일이 발생할 때까지 서로를 신뢰합니다. 다른 사람들은 관계에서 거꾸로 작동하고 시간이 지남에 따라 점차적으로 신뢰를 구축합니다. 후자의 시나리오에서는 두 연인이 의심의 여지없이 "저는 당신을 신뢰합니다"라고 말할 수 있기 전에 일정 기간 동안 신뢰를 얻고 다양한 테스트를 통해 측정됩니다.

당신의 연인이 당신이 약간의 선의의 거짓말을 했다고 말하도록 당신을 부추기려고 했던 당신의 인생을 되돌아봅시다. 왜 그들은 그것을 의심 했습니까? 그들이 당신이 무언가를 저지하고 있다고 말할 수 있기 때문입니다. 그들은 당신이 무슨 말을 할지 보기 위해 이미 답을 알고 있는 것에 대해 질문했습니다. 이것을 화이트 라이 테스트라고 부르자. 정기적으로 이러한 테스트를 통해 자신이 정직한지 확인합니다. 당신이 올바르게 대답한다면 인생은 훌륭합니다. 실패하면 연인이 전화와 이메일을 확인하는 것까지 조심하고 추가 테스트를 수행하도록 무의식적으로 권한을 부여한 것입니다. 당신은 기본적으로 망쳤습니다. 관계에서 더 나은 판단력을 사용하십시오.

열린 책이 되어야 합니다.

연인에게 모든 것을 말함으로써 당신은 열린 책이 됩니다. 연인이 어떤 이유로든 불안해하고 숨길 것이 없다면 책을 펴는 것이 연인 관계에 대한 신뢰를 회복하는 가장 빠른 방법입니다. 연인이 귀하의 전화 및 이메일에 액세스할 수 있도록 허용하십시오. 이것은 당신의 연인에게 마음의 평화를 줄 것입니다. 모든 고민을 해결해 드립니다. 이렇게 하면 자유를 되찾을 수 있습니다.

머리에 저장해야 할 교훈: 연인이 같은 방에 있었다면 하지 않았을 일을 하는 것은 잘못된 것입니다. 즉, 당신의 연인이 당신 옆에 서 있다면 그 상대방에게 문자를 보내겠습니까? 대답이 아니오라면 잘못된 것이고 경계를 넘어 부정 행위의 회색 영역으로 이동했습니다. 직장동료에게 시시덕거리는 문자를 보내거나, 다른 사람에게 사적인 정보를 제공하거나, 전 애인과 연락을 하고 있는데 연인이 이를 모르고 있습니까? 그런 다음 중지합니다. 당신이 하는 모든 것은 신뢰를 어기는 것이고 당신은 자유를 잃게 될 것입니다.

다른 종류의 신뢰에 대해 이야기해 보겠습니다. 배관, 개조 또는 자동차 작업과 같은 작업을 완료할 때 연인이 당신을 보고 있다는 것을 이해하고 이러한 프로젝트를 완료하면 이익을 얻고 신뢰를 구축할 수 있습니다. 프로젝트가 복잡할수록 더 많은 줄무늬를 얻을 수 있습니다. 반면에 프로젝트를 완료하지 못하거나 엉성한 작업을 수행할 때는 어떻게 될까요? 줄무늬가 없으며 작업을 완료했음에도 파트너의 신뢰를 잃습니다. 당신의 연인은 "저는 당신을 믿을 수 없습니다"와 같은 말로 당신을 부르거나 "왜 다른 사람을 고용하여 일을 끝내지 않겠습니까?"라고 제안할 것입니다. 작업이 완료되지 않은 상태로 오래 남아 있을수록 연인은 작업을 완료할 수 있는 당신의 능력에 대해 더 많이 의문을 가질 것입니다. 미친 것은 대부분의 사람들이 신뢰 문제를 완료되지 않은 프로젝트와 동일시하지 않는다는 것입니다. 당신이 무언가를 할 것이라고 말할 때, 그것을 하십시오. 더 중요한 것은 완료하십시오. 초과 성취자가 되십시오. 연인이 당신을 신뢰할 수 있도록 훌륭한 일을 하기 위해 열심히 노력하십시오.

파트 3:
연인을 되찾으려면 파트너십을 다시 시작하세요.

관계균형을위한일일도구

정념사랑질게
수사감사성
우인신무

경계
일하다
나쁜습관
공동책임
스트레스
생활양식
두번째추측
취미및스포츠
선의의거짓말

110

7장: 관계를 위한 일일 균형 도구

알버트 아인슈타인의 유명한 말을 들어보셨을 것입니다. "광기는 같은 일을 반복하면서 다른 결과를 기대하는 것입니다." 당신은 제정신이 아니므로 지금 하고 있는 일을 바꿔서 관계에 대해 더 나은 다른 결과를 얻을 수 있습니다.

여기까지 왔으니 이제 재설정 프로세스를 시작하겠습니다. 그러나 도구에 대해 알아보기 전에 잠시 휴식을 취하십시오. 뛰고, 명상하고... 스트레스, 파트너에 대한 부정적인 생각, 화를 풀기 위해 해야 할 일이라면 무엇이든 하십시오. 휴식을 취하면 긍정적인 관점으로 이러한 도구를 새로 고칠 수 있습니다.

이것은 당신이 기다려온 부품입니다: 다리를 수리하는 도구입니다. 파트너의 네 기둥 수리를 시작하는 위치는 이제 매우 간단합니다. 이 장에서는 일상적인 문제의 몇 가지 예, 귀하와 귀하의 연인이 고려해야 할 질문 목록 및 실질적인 개선을 위한 도구를 제공합니다.

이 장에서는 최상위 문제를 다룹니다. 더 많은 예, 도구 및 조언을 보려면 http://www.당신은옳고내가틀리다.kr 으로 이동하십시오.

질문은 그 기회입니다 아하! 순간. 당신은 당신과 당신의 파트너의 대답에 놀랐을 수도 있습니다. 질문은 서로를 판단하는 것이 아니라 서로에 대해 더 많이 발견하기 위한 현실 테스트라는 것을 기억하십시오. 당신과 파트너의 답변이 좋은지, 나쁜지, 아니면 무관심한지, 그리고 귀하가 동의하는지 동의하지 않는지 여부에 관계없이 질문은 둘 다 같은 경쟁의 장에서 시작하는 데 도움이 됩니다. 여기서 목표는 다리를 수리하거나 더 잘 유지하는 것입니다.

상처받기 시작하고 파트너의 말에 분개하기 시작하면 뒤로 물러나 나중에 다시 방문하십시오. 사실 일상적인 문제가 해결되면 과거에 대한 원망과 고통이 떠오를 수 있습니다. 이것은 고정 프로세스의 일부입니다. 과거를 인정하고 고쳐야 미래에 더 나은 파트너십으로 나아갈 수 있습니다. 모든 문제가 해결될 때까지 한 번에 하나씩 해결합니다.

시작합시다!

친구들

파트너가친구를좋아합니다.
그들이당신의공간을존중할때.
친구도궁핍하고까다로울수있으며,
불합리하고이기적이며,
당신의파트너가그들을싫어합니다.

우정

함께 이야기를 쓸 수는 없다
당신이 같은 페이지에 있지 않다면.

우정은 기분을 좋게 하는 뇌 부분에 불을 붙인다. 친구는 스트레스를 처리하고 더 나은 삶의 선택을 하도록 도와줍니다. 친구는 당신을 확인합니다. 그들은 당신을 고정시키고 사기를 높입니다.

연인은 친구가 당신의 공간을 존중하고 합리적이고 재미있고 쉽게 받아들일 수 있을 때 친구를 좋아합니다. 친구는 또한 궁핍하고 까다롭고 비합리적이며 이기적이어서 연인이 그 사람들을 싫어할 수 있습니다. 당신이 이상한 시간에 전화를 걸어 그들과 이야기하기 위해 무엇을 하든지 포기할 것을 기대하는 그런 종류의 친구가 없기를 바랍니다.

조심하지 않으면 친구는 관계를 파괴하는 가장 중요한 능력을 가지고 있습니다. 왜일까요? 오랜 세월 쌓아온 결속과 신뢰 때문입니다. 친구는 연인이 어려운 결정에 대한 귀하의 판단에 의문을 제기하게 할 수 있습니다. 파트너의 조언에 대해 친구의 조언을 받아들이는 것은 문제를 일으키는 것입니다.

마찬가지로, 친구들과 얼마나 더러운 세탁물을 공유하는지 살펴보십시오. 친구에게 조언을 구하는 것은 자연스러운 일입니다. 그러나 너무 많은 친구와 너무 많은 목소리는 특히 비공개로 유지되어야 하는 문제와 관련하여 파트너십에 위험할 수 있습니다.

그래서 가장 친한 친구와 경쟁해야합니까? 당신은하지 않습니다. 친구가 공존해야 하는 방법에 대해 연인과 같은 페이지에 있다는 것을 수락하고 확인합니다. 그러나 때때로 우정은 균형을 벗어나거나 경계를 넘습니다. 이런 일이 발생하면 연인과 함께 소유하고 "네 말이 맞아, 제가 틀렸어"라고 말하는 것이 좋습니다.

귀하와 귀하의 연인을 위한 질문:

내 친구들이 좋아?

전화로 또는 직접 만나서 친구와 보내는 시간에 대해 타협합니까?

우리의 관계에 대해 친구와 공유하는 정보의 양에 대한 경계가 있습니까?

우리 친구들이 우리의 한계를 뛰어 넘은 적이 있습니까? 그들은 우리가 후회하는 일을 하게 만드는가?

우리 친구 중에 너무 궁핍한 사람이 있습니까?

우리 친구들이 우리의 사생활에 너무 관여합니까?

우리 친구들이 갑자기 나타나나요? 그들이 하지 않기를 바라지만 아무 말도 하지 않았거나 변명을 한 적이 있습니까?

우리의 친구들은 개인적으로 또는 부부로서 우리를 이용합니까?

우리는 친구에게 아니오라고 말한 적이 있습니까?

우리 친구들이 우리에게 나쁜 조언을 한다고 생각합니까?

우리 친구들이 비열하거나 보복적일 수 있다고 생각합니까?

우리 관계에 좋지 않은 친구를 보낼 수 있다고 생각합니까?

우리가 우정에 대한 헌신보다 서로에 대한 헌신을 우선시한다고 생각하십니까?

우정의 균형을 위한 도구: 계약

친구와 관련하여 진짜 문제는 연인이 시간이나 관심에서 항상 친구와 경쟁하는 것처럼 느낄 수 있다는 것입니다. 이것은 파트너십 내에서 분노를 일으킬 수 있습니다.

두 번째로 일어저는 일은 연인이 친구를 좋아하지 않거나 받아들이지 않는 경우입니다. 오랜 친구도 연인과 경쟁하는 것처럼 느낄 수 있습니다. 그것은 당신의 연인이 당신이 가장 친한 친구를 제거하기를 원하거나 친구가 위협을 느낀다면 관계에서 벗어나기를 원한다는 것을 의미할 수 있습니다. 그것은 당신의 관계에 드라마를 가져옵니다.

Same Page 도구는 친구와 파트너의 문제를 공개적으로 알리고 연인이 친구에 대해 열 수 있도록 하는 방법입니다. 당신의 연인은 결국 당신의 가장 친한 친구가 되어야 합니다. 실제 문제를 이해한 후에는 이러한 문제를 제거하는 것이 귀하의 작업입니다.

액션 아이템
의사소통하다
친구가 어울리는 방법

우정을 재정의해야 할 때입니다. 양 당사자는 명확해야 하고 친구가 파트너십에 얼마나 적합한지, 친구와 얼마나 많은 시간을 보내야 하는지, 친구가 얼마나 참여해야 하는지를 인정해야 합니다. 우정과 친구가 얼마나 중요한지 소통하는 것도 중요합니다. 그것이 당신이 원하고 필요로 하는 친구라면, 당신과 당신의 연인은 타협을 모색하고 규칙에 따라 같은 페이지를 얻을 수 있습니다.

같은 페이지에 도달하는 것은 연인이 친구 중 한 명과 선을 넘고 너무 멀리 갔다고 느낄 때 의사 소통하는 것입니다. 둘이 혼자가 될 때까지 아무 말도 하지 마세요. 사생활에서 왜 그런 일이 일어났는지 논의하고 다시는 그런 일이 일어나지 않도록 하는 방법에 동의하십시오.

친구와 규칙을 설정하는 것은 같은 페이지 도구의 중요한 부분입니다. 당신의 연인이 당신의 친구들이 너무 과하다고 생각하거나, 당신의 연인이 당신이 주위에 있을 때 너무 많이 술을 마신다고 생각할 때, 당신이 친구들과 외출할 때 항상 늦게 집에 오는 것처럼 보일 때, 또는 당신이 항상 힘든 일을 겪는 것처럼 보일 때 규칙을 정하는 것이 중요합니다. 돈이 많이 들거나 성격이 나빠집니다.

친구가 언제든지 들를 수 있다고 느끼는 이력이 있거나 파트너에 관한 의견이 중요하다면 규칙을 정하는 것이 필요합니다. 친구가 경계를 넘을 때, 그들은 정말로 당신이 교제해야 하는 친구입니까? 친구를 확인하는 것은 파트너의 일이 아니라 당신의 일임을 이해하십시오. 즉, 연인이 아니라 나쁜 사람이 되어야 합니다.

친구가 연인을 모욕하거나 존중하지 않는다면 차단해야 합니다. 친구가 당신의 관계에서 정말로 말할 수 없다는 것을 이해하십시오. 댓글을 달거나 판단을 내리는 곳이 아닙니다. 해결책은 단 하나입니다. 파트너의 편을 들어야 하고 친구에게 다시는 그런 일이 있을 수 없다고 알려야 합니다. 그렇지 않으면 우정이 끝납니다. 그들이 당신의 연인을 무시할 때 그들은 당신을 무시합니다.

업무 일정과 생활에 과부하가 걸리고 연인이 당신과 함께할 시간이 거의 없을 때, 친구가 무시당했을 때 당신이 친구와 시간을 보내기를 그들이 어떻게 기대할 수 있겠습니까? 대역폭이 낮을 때 주간 볼링 게임을 취소해도 됩니다. 진정한 친구는 이해할 것입니다. 친구를 할당된 시간으로 생각하십시오. 공정하고 Partner First를 기억하십시오.

버릇

습관은 편안한 침대와 같습니다.
들어가기는 쉽지만 나가기는 어렵다.

행동과 태도라는 두 가지 유형의 나쁜 습관을 정의해 보겠습니다. 모든 사람은 나쁜 습관을 가지고 있으며 연인은 많은 것을 참습니다. 나쁜 습관이 실제로 연인을 화나게 할 수 있는 것은 과부하된 날입니다.

행동 나쁜 습관은 우리 모두가 알고 있고 한 번쯤은 저지른 습관입니다. 그런 종류를 알고 있습니다. 그런 종류의 몸단장과 위생, 입을 벌린 채 먹기, 싱크대에 접시를 쌓아 두거나 말하지 않고 파트너의 물건을 옮기는 것과 같은 생각 없는 행동이나 남자가 변기 자리를 떠저는 것입니다. 대화에서 연인을 방해하거나 연인이 원하는 것을 거부하는 것도 나쁜 습관이 될 수 있습니다. 이것은 파트너의 머리를 폭발시킬 수 있는 몇 가지 사항일 뿐입니다.

나쁜 행동의 또 다른 유형은 전화 통화를 오래하거나 더 나쁘게 하는 것, 전화를 하면서 식사를 하는 것, 소셜 미디어에 푹 빠져 있는 것, TV를 너무 많이 보는 것, 연인이 당신의 관심을 필요로 할 때 비디오 게임을 하는 것입니다.

태도 나쁜 습관에는 집안일에 참여하지 않거나 섹스가 줄어들거나 존재하지 않는 이유를 변명하거나 자신이 항상 옳다고 생각하는 것이 포함됩니다. 그것은 파트너의 목소리나 의견을 무시하거나, 아침이나 저녁 시간에 연인과 대화하기보다 침묵하는 것과 같은 작은 일입니다. 시간이 지남에 따라 이러한 사소한 일상적인 자극이 누적되어 큰 문제가 될 수 있습니다.

자, 언제부터 그 나쁜 습관이 괜찮다고 믿기 시작했습니까? 인간의 본성을 이해하십시오: 당신이 하는 일이 처음에 당신의 연인을 귀찮게 했다면, 저는 그것이 지금도 여전히 그들을 귀찮게 한다고 약속합니다. 당신은 그것에 대해 더 이상 듣지 않을 수 있습니다. 나쁜 습관이 통제 불능 상태가 되었다면, 그것을 소유하고 "네 말이 맞아, 제가 틀렸어"라고 말하는 것이 좋습니다.

귀하와 귀하의 연인을 위한 질문

위생 문제가 있습니까? 우리는 구취, 엉뚱한 곳의 머리카락, 규칙적인 목욕, 불쾌한 냄새, 더러운 옷으로 인해 서로의 삶을 덜 쾌적하게 만든 적이 있습니까?

우리는 서로를 배려하고 있습니까? 우리가 하기 쉬운 일이나 하지 않는 일이 있습니까? 예: 변좌를 올려 놓는 것, 치약 뚜껑을 닫은 채로 두는 것, 무엇인가를 사용하고 다 떨어졌을 때 교체하지 않는 것, 서로를 방해하는 것, 집에 더미를 두는 것.

제가 고치지 않은 것을 바꾸라고 한 습관이 있습니까? 예: 너무 많이 불평하거나, 부정적으로, 집안일에 참여하지 않거나 집안일을 처리하지 않음, 일에 대해 너무 많이 이야기하기, 내 일이 당신의 일보다 더 중요하다고 생각, 친구나 가족과의 만남을 지나치다.

우리가 바꿔야 할 나쁜 태도 습관이 있습니까? 예: 미루기, 너무 자주 늦게 뛰기, 습관을 바꾸라고 할 때 주의를 기울이지 않음.

서로를 괴롭히는 나쁜 습관을 바꾸려고 노력한 적이 있습니까? 우리가 변화할 수 없다면 어떻게 더 잘할 수 있습니까?

너한테는 문제가 되지 않는다는 이유로 나를 괴롭히는 나쁜 습관을 가졌는가?
그만하라고 하면 그만해도 될까요?

습관을 위한 도구: 중지

바꾸고 싶은 나쁜 습관의 목록을 만드는 것으로 시작하십시오. 현실은 연인을 괴롭히는 일을 하고 있다면 더 잘하려고 노력하지 않는 이유가 무엇입니까? 나쁜 습관은 고치려는 노력이 필요하고 어렵게 느껴질 수도 있지만 불가능한 것은 아닙니다. Come On 도구는 "당신은 똑똑합니다. 알아내세요. 당신은 당신의 연인을 괴롭히는 것이 무엇인지 알고 있습니다. 이제 그것을 바꾸기 위해 노력하십시오."

액션 아이템
타협
그냥 가게 둬. 21일 규칙을 사용하여 연인을 미치게 만드는 나쁜 습관을 제거하기 시작하십시오.

나쁜 습관을 없애기 위해 21일 규칙을 사용합시다. 21일 동안 새로운 행동을 적용하면 표준이 된다는 오래된 규칙입니다. 알림을 적어 두십시오. 거울이나 달력 알림에 스티커를 붙여서 확인하십시오. 유혹을 물리칠 수 있는 실용적인 방법을 생각해 보십시오. 전화에 너무 많은 시간을 할애하고 있다면 저녁 식사 시간에 서랍에 넣어 두십시오. 21일 동안 매일 진행 상황을 생각하고 아직 작동하지 않는 것을 조정하세요. 21일의 노력 후, 당신이 운동에 충실하다면 그것이 표준이 될 것입니다.

바쁘거나 피곤할 때 나쁜 습관이 다시 나타날 것임을 이해하십시오. 이런 일이 발생하면 확인하고 재설정하십시오. 여기서 목표는 가능한 한 많은 나쁜 습관을 제거하는 것입니다. 일관된 초점으로 시간이 지남에 따라 그것들은 사라질 것임을 생각하십시오.
보상 시스템은 나쁜 습관을 제거하기 위한 훌륭한 지원입니다. 가장 쉬운 보상 시스템은 연인이 구매하는 시스템입니다. 연인은 친구와 함께 주말 내내 무료로 골프를 치거나 몇 시간의 비디오 게임을 하거나 친구와 함께 여행을 떠저는 등 다양한 방법으로 보상할 수 있습니다. 보상은 논의하고 동의하고 존중해야 합니다.

미루고, 항상 지각하고, 집안일이나 가족 행사를 확인하는 것과 같은 태도에 기반한 습관은 연인에게 불공평합니다. 여기에서 동일한 페이지 도구를 사용할 수 있습니다. 왜 그 일을 하는지 이해하려고 노력하십시오. 순전히 이기적이며 귀찮게 할 시간이 없습니까? 이것은 공정하지 않으며 불균형한 파트너십을 만들 것입니다. 당신이 그들의 감정에 신경 쓰지 않을 때 당신을 존중하는 행복한 연인을 어떻게 가질 수 있습니까? 원망, 좌절, 스트레스가 쌓인 조용한 연인을 만들 것입니다.

궁극적으로, 당신은 나쁜 습관을 좋은 습관으로 바꾸고 싶어합니다. 당신은 바꾸고 싶은 나쁜 습관의 목록을 만들었습니다. 이제 대신 하고 싶은 좋은 습관 목록을 작성해 보겠습니다. 더 많이 이야기하거나 더 자주 함께 계획에 대해 논의하거나 변기 시트를 놓는 것과 같이 구현하고 싶은 좋은 습관을 연인에게 알리십시오. 당신이 하겠다고 말한 것을 할 때, 당신의 연인은 당신이 의식적으로 알아차릴 수 있도록 알려줍니다(그리고 그들이 주의를 기울이고 있다는 것을 보여줍니다). 시간이 지남에 따라 좋은 습관의 긍정적인 의도에 의해 최악의 습관이 밀려났다는 것을 알게 될 것입니다.

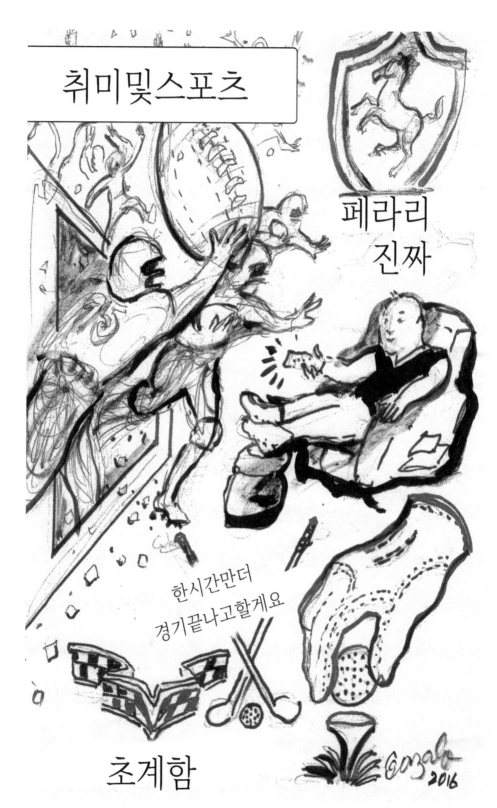

취미및스포츠

페라리
진짜

한시간만더
경기끝나고할게요

초계함

취미 및 스포츠

우리는 이 파트너십을 중단합니다
당신에게 축구 시즌을 가져옵니다.

취미와 스포츠는 훌륭한 정신적 도피처이자 삶의 필수 부분입니다. 그러나 취미와 스포츠에 너무 몰두하면 MIA가 될 수 있습니다. 이러한 활동은 통제 불능 상태가 될 수 있으며 연인에게 불공평합니다. 당신이 이러한 활동에 너무 많은 시간을 보내고 연인과 충분한 시간을 보내지 못한다면, 그들은 당신의 삶의 다른 부분과 경쟁하고 있다고 느낄 수 있습니다. 누가 그 게임을 하고 싶습니까? 아무도.

그렇다면 취미와 스포츠를 할 때 균형을 유지합니까? 여가 시간의 모든 순간을 스포츠나 취미에 대해 생각하는 데 쓴다면 균형이 맞지 않습니다. 더 나쁜 것은 플레이어의 통계, 급여 및 날짜에 대한 모든 것을 기억할 수 있지만 기념일이나 자녀 또는 더 나쁜 경우 파트너의 생일을 잊어 버리는 경우입니다. 이것은 확실히 엉망이고 당신이 생각하는 것보다 더 많이 발생합니다.

기분이 최종 점수를 기반으로 한다면 스포츠가 연인 관계를 망칠 수 있습니다. 특히 파트너보다 게임에 더 감정적일 경우 더욱 그렇습니다. 진짜.

그렇다면 다음 중요한 판타지 축구 움직임을 파악하는 동안 누가 모든 쇼핑을 하고, 가족을 돌보고, 빨래를 하고 있습니까? 오, 당신의 파트너! 진짜? 이 파트너십에서 균형과 타협은 어디에 있습니까?

취미와 스포츠는 경계를 넘나듭니다. 이런 일이 발생하면 그것을 소유하고 "당신은 옳고, 내가 틀렸다."라고 말하는 것이 좋습니다.

귀하와 귀하의 연인을 위한 질문

취미나 스포츠에 대한 관심과 관계의 균형을 유지합니까?

취미나 스포츠가 너무 많은 시간이나 에너지를 소비하기 때문에 서로를 소홀히 한 적이 있습니까?

취미나 스포츠 때문에 집안일을 포기한 적이 있습니까?

취미와 스포츠로 건강하게 긴장을 풀고 있습니까?

취미와 스포츠에 얼마나 많은 시간을 할애하는지 서로 거짓말을 한 적이 있습니까?

우리는 다른 사람이 알고 있는 것보다 취미와 스포츠에 더 많은 자유 시간을 보내고 있습니까?

연인 관계를 끊거나 도피하기 위해 취미나 스포츠를 사용한 적이 있습니까?

우리는 스포츠나 취미 행사를 취소하도록 서로를 강요한 적이 있습니까? 그것이 우리를 서로에게 화나게 합니까?

우리는 서로 시간을 보내는 것보다 취미나 스포츠를 더 고대합니까?

스포츠에 대한 관심이 우리의 기분을 좌우하도록 합니까? 우리 팀이 이기면 기쁘지만 지면 우울합니까?

우리는 주말에 서로 시간을 보내는 대신 스포츠를 보면서 시간을 보내나요?

스포츠 행사를 위해 가족의 의무를 건너뛴 적이 있습니까?

취미 및 스포츠를 위한 도구: 정말

진짜 도구는 바로 그것이다. 정말 경기를 봐야 한다면, 정말 먼저 맡은 책임을 다해야 합니다. 토요일 아침에 골프를 두 번 해야 한다면 꿀팁 목록에서 최소한 한 가지 항목을 완료한 다음 연인에게 무료 패스를 요청하십시오. 더 일찍 일어나서 작업을 완료하면 자유가 당신의 것입니다. 진짜 도구는 멀티태스킹, 시간 관리 및 보상에 관한 것입니다. 기브 앤 테이크입니다.

연인과의 우선 순위를 정하고 타협에 도달하는 것은 성공적인 파트너십의 중요한 구성 요소입니다. 취미와 스포츠가 삶의 중요한 부분이라고 생각한다면 파트너의 요구 사항이 먼저 충족되는지 확인하는 것이 중요합니다. 꿀팁 목록 문제가 게임에서 뒷걸음질 치면 진짜 도구를 사용하십시오.

시작하는 좋은 방법은 연인에게 중요한 것이 무엇인지 묻는 것입니다. 당신이 당신의 연인과 함께 그 목록을 만들 때, 다른 것이 있는지 다시 물어보십시오. 그들은 당신이 두 번째로 요청할 때 그 모든 작은 것들을 기억할 것입니다. 목표는 해야 할 일에 대한 파트너의 모든 생각을 얻는 것입니다.

시간 관리와 미리 계획하는 것은 당신의 친구입니다. 프로젝트를 완료하는 데 필요한 모든 도구와 재료에 대해 생각하면서 파트너의 모든 꿀 작업을 구성하고 계획하십시오. 철물점에 가면 필요한 모든 것을 얻을 수 있고 시간을 절약할 수 있습니다.

액션 아이템
질문하세요
당신은 몇 시간 동안 시작하고 꿀 목록 작업에 하룻밤 동안 괜찮을 수 있습니까?

가장 중요한 것은 시작한 프로젝트를 완료하는 것입니다. 멀티태스킹을 하고 동시에 몇 개의 프로젝트를 시작하는 것이 합리적이기 때문에 괜찮지만 새 작업을 추가하기 전에 모두 완료해야 합니다. 완료되면 연인에게 작업을 검토하고 의견을 받도록 요청하십시오. 이것은 신뢰를 구축하고 연인이 연결되어 있다고 느끼게 합니다. 이상하게도 그것은 또한 당신의 사랑을 강화시킵니다. 오래된 문 손잡이를 바꾸거나 차고 벽을 칠할 때 연인에게 미치는 영향을 과소평가하지 마십시오. 내 경험에 따르면 가장 쉬운 항목을 먼저 완료하면 목록을 완성하는 데 에너지가 생깁니다.

다음은 진짜 도구의 또 다른 부분입니다. 꿀잼 목록에 2시간을 할애할 때마다 1시간의 게임 시간을 요청하십시오. 진정한 도구는 시간 관리입니다. 또한 보상으로 생각하십시오.

목록에 40개 항목이 있다고 가정해 보겠습니다. 여기 제가 하는 일이 있습니다. 저는 목록을 작성하고 완료하는 데 각각 30분 미만이 소요되는 10개의 쉬운 항목을 처리합니다. 그런 다음 그 주말에 대해 각 항목별로 시간표를 작성하십시오. 오전 8시에 시작하고 각 항목에 대해 완료할 것으로 예상되는 시간을 입력한다고 가정합니다. 당신이 끝낼 것이라고 말한 시간에 이르고 늦는다고 해도 포기하지 마십시오. 10개 항목을 모두 완료하십시오. 다음 10개 항목에서 마스터할 때까지 일정을 개선하십시오.

10개의 항목을 완료할 때마다 연인이 검토하도록 하십시오. 문제를 찾을 수 있지만 괜찮습니다. 때로는 뒤로 물러나면 그들이 옳았다는 것을 깨닫게 될 것입니다. 논쟁하지 마십시오. 올바르게 수행되지 않으면 완료된 것으로 간주되지 않으므로 다시 실행하십시오.

40개 항목을 모두 완성할 때쯤이면 한 달이 될 수도 있지만, 플레이 시간을 주는 것에 대한 파트너의 태도가 달라지는 것을 보게 될 것이라고 약속합니다.

이제 시작하겠습니다. 도메인 마스터가 되도록 도와드리겠습니다. 결국, 당신은 사랑, 우정, 신뢰를 얻게 될 것이며, 가장 중요한 것은 연인이 진정한 연인 관계를 느낄 것입니다.

일

일만 해서 행복을 추구해서는 안 됩니다.
연인이 없는 일은 외로움이기 때문입니다.

당신은 일 중독입니까, 아니면 균형 잡힌 일과 삶을 살고 있습니까? 당신이 일주일에 80시간을 사무실에서 보내는 워커홀릭이거나 집에 돌아와 상사나 짜증나는 동료에 대해 불평하고 싶다면, 직업 선택이 종종 당신의 파트너십에 영향을 미치고 심지어 파멸시키기까지 한다는 것을 알아야 합니다. 집에 와서 일에 대해 이야기하는 것은 자연스러운 일입니다. 즉, 좋은 점과 나쁜 점에 대해 이야기하는 것입니다. 시간이 지남에 따라 연인을 약화시킬 수 있는 나쁜 것에 대한 끊임없는 불평입니다.

관계보다 일을 우선시하는 것이 용납될 수 있다고 생각하십니까? 영화를 보거나 친구를 만나거나 그냥 함께 시간을 보내는 것과 같이 일반적으로 연인과 함께 하는 활동을 거부한다면 관계에 과도한 압력을 가할 수 있습니다.

나중에 사무실에 머물거나 주말에 더 자주 들르거나 집에 일을 더 많이 가져오면 관계가 긴장될 가능성이 있습니다. 일과 개인 생활을 구분하는 데 어려움을 겪는다면 자신도 모르게 사람과 프로젝트에 대해 토론하게 될 것입니다. 말 그대로 일 외에는 연인과 할 말이 없다면 문제가 있는 것입니다.

당신의 연인이 당신의 일을 싫어하고 당신이 그만두기를 바란다면, 이것은 다른 영역에서 나타날 수 있으며, 당신의 연인은 인내심이 떨어지거나 짜증을 더 많이 낼 수 있습니다. 직장 스트레스를 집으로 가져오면 관련 없는 분야의 연인에게 스트레스를 줄 수 있습니다. 당신이 이전에 결코 논쟁하지 않았던 것에 대해 갑자기 연인과 싸우는 것은 아마도 우연이 아닐 것입니다.

작업은 경계를 넘을 것입니다. 이런 일이 일어나도록 내버려 둔다면 그것을 소유하고 "네 말이 맞아, 제가 틀렸어"라고 말하는 것이 좋습니다.

귀하와 귀하의 연인을 위한 질문

우리는 일에 얼마나 많은 시간과 관심을 쏟고 있습니까?

집 밖에서의 일 때문에 집안일이나 책임을 소홀히 한 적이 있습니까?

일이 우리 관계를 통제하거나 너무 많은 압력을 가합니까?

우리는 일과 가족 시간에 균형 잡힌 삶을 살고 있습니까?

일을 집으로 가져와야 할 때 공정한 경계를 설정합니까?

우리는 집에 함께 있을 때 직업에 대해 너무 많이 이야기합니까?

우리는 주말에 일하거나 너무 늦은 저녁에 일하기 때문에 서로를 원망한 적이 있습니까?

우리는 일하지 않을 때 일에 대해 스트레스를 받습니까? 그 스트레스가 우리의 파트너십에서 시간과 에너지를 훔치는 것입니까?

우리는 서로를 즐기거나 가족이나 친구와 함께 외출할 때 일에 집착한 적이 있습니까?

일 때문에 개인적인 우선 순위를 취소한 적이 있습니까?

집에 오지 않고 직장에 숨은 적이 있습니까?

우리는 직장에서 바쁘게 지내서 가족이나 서로를 위한 시간이 거의 없습니까?

일을 위한 도구: 자신의 말씀을 지키십시오

많은 경우에 직업이나 직업이 필요하다고 느끼기 때문에 일이 균형 잡힌 삶을 방해합니다. 그것은 자아를 공급하는 목적과 성취감을 줄 수 있습니다. 드래곤을 죽이는 데 필요한 추진력과 기술은 상당히 서두를 수 있습니다. 기세에 휘둘리기 쉽습니다. 그것은 당신이 한 시간 안에 집에 도착할 것이라고 말하고 실제로 세 시간 후에 문을 통과할 때입니다.

Keep Your Word 도구는 파트너십의 균형을 유지하는 데 도움이 될 수 있습니다. 그것은 당신의 성실함을 반영하고, 헌신적이고 신뢰할 수 있으며, 당신이 연인이 믿을 수 있는 사람이라는 것을 매일 보여줍니다. 연인과 현실적인 기대치를 설정한 다음 통과하는 것입니다.

액션 아이템
올바른 선택을 하세요
이번 주 내내, 활동을 하거나 특정 시간에 집에 가겠다고 말했을 때 작업 하세요. 그냥 해.

너무 간단해 보이지만 너무 어려운 것부터 시작하십시오. 집에 갈 때 약속을 지키십시오. 정말 쉽습니다. 매일 밤을 슈퍼볼의 밤이라고 생각하고 저녁 6시까지 집에 돌아와야 하므로 아무것도 놓치지 마세요. 저는 당신이 예상하고 5시 30분에 집에 돌아올 것이라고 약속합니다.

시간을 놓치는 사람이라면 업무용 캘린더, 스마트폰, 시계에 알람을 맞춰 두세요. 여전히 어려움을 겪고 있다면 연인에게 전화를 걸어 계속 진행하도록 요청하십시오. 여기서 가장 중요한 것은 말씀을 지키는 것입니다.

집에 있으면 전화기를 끄세요. 직장에 경계가 없는 사람이 있다면 긴급 상황이 아니면 특정 시간 이후에 전화하지 말라고 말하세요. 완료해야 할 일이 있고 연인이 당신과 시간을 보내고 싶다면 다음날 아침 일찍 일어나서 일을 끝내십시오.

작업량의 균형을 맞추는 것은 귀하에게 달려 있습니다. 일부 비즈니스는 주기적입니다. 일을 하는 동안 일정 기간 동안 파트너십에 영향을 줄 수 있는 위기 시간이 있을 수 있습니다. 그것이 당신의 일 처럼 들린다면, 가장 좋은 것은 당신의 연인과 그것에 대해 미리 이야기하는 것입니다. 위기가 끝나면 상황을 정상으로 되돌리십시오. 상호 장단기 목표에 대해 같은 페이지에 있는지 확인하십시오. 계획이 변경되면 공유하십시오. 그러나 어떤 상황이든 매 순간마다 당신의 말을 지키십시오.

약속을 지키라는 것은 다른 방법으로 연인과 잃어버린 시간을 만회하는 것을 의미합니다. 직장에서 해결해야 하는 시간 관리 문제가 없는 한 일찍 일하거나 다른 밤 늦게까지 있을 수 있습니다.

자신의 말을 지키는 도구를 적용하는 습관을 들이면 일에서 벗어나 더 긍정적인 관계를 구축하는 방향으로 사고방식을 전환할 수 있습니다. 당신의 파트너도 당신을 필요로 한다는 것을 기억하십시오. 스트레스를 덜 받고 생산성을 높이는 방식으로 업무에 접근하는 방법을 보여줄 수도 있습니다.

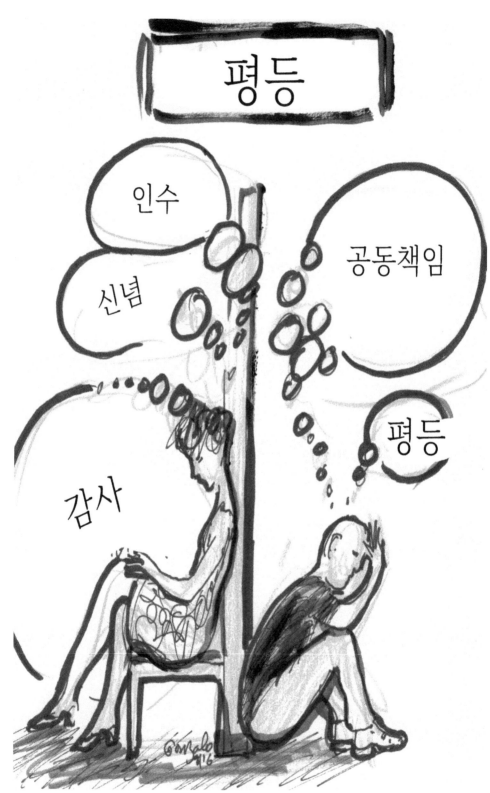

8장: 관계를 위한 매일의 평등 도구

인수

당신이 옳을 것입니까 아니면 오히려 행복하겠습니까?

이번 주에 중요한 모든 것에 대해 파트너의 의견을 물어보고 가능하면 파트너의 의견을 듣고 활용하면 어떨까요? 이번 주에 매일 밤 멈추고 연인이 방해나 판단 없이 이야기를 나누게 하면 어떨까요? 예스 데이를 하고 연인이 원하는 모든 것에 대해 "예"라고 말하면 어떻게 될까요? 당신의 연인이 당신이 화나거나 말다툼을 할 때 당신의 감정을 무효화하는 경향이 있다면 그것은 상처가 됩니다. 뿐만 아니라 장기적으로 매우 건전하고 건설적인 관계를 형성하지도 않습니다.

사람과의 관계에서 싸움과 때때로 하게되는 열띤 논쟁은 정상입니다. 이러한 싸움이 본격적인 논쟁으로 이어지면 금세 손에서 벗어날 수 있습니다. 무언가를 놓치는 것과 완전히 악의적인 것 사이에는 큰 차이가 있습니다. 논쟁의 열기 속에서 서로를 비난하거나 서로를 깔아뭉개는 것은 건강에 좋지 않습니다.

연인이 공평한 몫을 다하지 못해서 싸우나요? 집안일과 일상 활동을 해결하고 전념해야 합니다. 연인에게 이러한 문제를 제기하는 데에는 변명의 여지가 없습니다.

재정 문제로 끊임없이 논쟁합니까? 한 연인은 절약하고 다른 연인은 더 검소할 수 있습니다. 자금이 부족하면 더욱 그렇습니다. 이별의 주요 원인으로 금전 문제가 자주 거론된다. 돈을 놓고 다투는 것은 당신이 연인과 같은 관점을 가지고 있지 않다는 것을 의미합니다.

친구와 가족 문제는 당신이 생각하는 것보다 더 많은 논쟁을 불러일으킵니다. 이 영역은 많은 감정적 요소와 교차하며 사람들에게 다르게 영향을 미칩니다. 따라서 연인이 친구나 가족을 좋아하지 않거나 그들이 당신의 삶에 너무 관여한다고 생각하면 문제입니다.

질투 문제를 극복하는 데 오랜 시간이 걸릴 수 있습니다. 이러한 문제를 놓고 싸우면 큰 문제가 발생할 수 있으며 경계를 넘을 수 있습니다. 이런 일이 발생하면 그것을 소유하고 "당신 말이 맞아, 제가 틀렸어"라고 말하는 것이 좋습니다.

귀하와 귀하의 연인을 위한 질문

우리는 너무 많이 논쟁합니까?

우리 중 한 사람이 일반적으로 논쟁을 지배합니까?

우리 중 한 사람이 결정을 내린 후에 보통 말다툼을 합니까?

우리는 논쟁하기 전이나 후에 원하는 것보다 덜 연결되어 있다고 느끼나요?

우리는 어리석은 문제에 대해 논쟁합니까?

우리 중 한 사람이 다른 사람이 원하는 만큼 집에 있지 않기 때문에 우리가 다투나요?

우리 중 한 사람이 다른 사람보다 덜 돕기 때문에 우리가 논쟁합니까?

우리는 너무 많은 돈을 쓰거나 합의하지 않은 것에 대해 논쟁을 벌입니까?

우리는 관계가 너무 적은 것에 대해 논쟁합니까?

우리는 우리의 필요를 충족시키기 위해 논쟁합니까?

우리는 서로의 나쁜 습관에 대해 논쟁합니까?

가족이나 친구와 문제에 대해 논쟁합니까?

직장에서 보내는 시간에 대해 논쟁이 있습니까?

인수를 위한 도구: 죄송합니다

미안해라고 말하는 것은 말다툼으로 인한 단절과 상처를 치유하는 데 큰 도움이 됩니다. 그것이 의미하는 핵심은 당신이 잘못한 것에 대해 사과하지 않는다는 것을 기억하는 것입니다. 같은 페이지에 있지 못해서 죄송합니다.

당신을 원하는 연인에게 집으로 돌아갈 수 있다는 것보다 더 중요한 것이 있습니까? 생각해 보세요. 너무 많이 다투면 연인이 당신이 생각하는 것만큼 당신을 원하지 않을 수도 있습니다. 그러니 스스로에게 이 질문을 해보세요. 제가 너무 논쟁을 많이 합니까?

당신은 모든 답을 가지고 있고 당신이 항상 옳다고 믿는 것 같습니까? 그렇다면 연인이 항상 틀렸다고 생각한다는 의미임을 이해하십시오. 이 모든 것은 연인에게 연결을 끊을 이유를 제공하는 것입니다. 당신이 옳다고 생각했던 부분을 다시 생각해보고 파트너의 선택이 더 나은지 알아보십시오. 저는 내 길을 주장하기 전에 멈추고 숨을 쉬는 기술을 구축했습니다. 많은 경우에 내 파트너의 결정이 옳았습니다.

액션 아이템
질문하세요.
당신은 정말로 옳을 필요가 있습니까? 진짜?

어려운 작업에 접근하는 방법은 여러 가지가 있을 수 있음을 이해하는 기술입니다. 확신이 서지 않을 때 저는 스스로에게 묻습니다. 당신이 옳겠습니까, 아니면 행복하기를 원하십니까? 너무 밀어붙일 때는 "미안합니다"라고 말하는 것을 잊지 마십시오. 그것은 쉬운 도구이며 놀라운 일을 할 수 있습니다.

분노에 분노로 반응하면 긴장이 고조되고 문제 해결을 어렵게 만듭니다. 상황을 악화시킬 뿐입니다. 그러므로 말다툼으로 대화를 과도하게 부풀리지 마십시오. 다음에 화를 낸다면 상대방에게 진정하고 이성적인 대화를 이어갈 시간이 필요하다고 알려주세요. 통제하는 방법을 배우는 것이 전부입니다.

더 나쁜 것은 공개적으로 연인과 논쟁하는 것입니다. 그것은 누구에게나 굴욕감을 줄 수 있으며 단순히 잘못된 것입니다. 공개적으로 연인에게 목소리를 높이지 마십시오. 부정적인 것을 비공개로 처리하는 데 동의합니다. 이것을 연인에게 설명하고 그대로 따르십시오. 문제가 있음을 알리기 위해 눈맞춤이나 몸짓 언어를 사용하는 데 동의할 수 있습니다. 이를 통해 상황을 확인하고 나중에 비공개로 토론할 수 있습니다.

논쟁에 관해서는 자신의 싸움을 선택해야 한다는 것을 이해하십시오. 성공적인 파트너십은 중요한 주제에 대해 주고 받아야 한다는 관점에서 문제에 접근합니다.

싸움 중에도 같은 논쟁으로 돌아가기 쉽습니다. "당신은 항상"또는 "절대"와 같은 말은 논쟁을 악화시킬 뿐입니다. 한 발 물러서서 파트너의 관점에서 주장을 고려하십시오. 당신의 연인이 어떤 문제에 대해 강하게 느끼고 있고 당신은 정말로 어느 쪽이든 갈 수 있지만 자존심이 방해가 된다면 그냥 놔두고 굴복하십시오. 잠을 더 잘 잘 수 있을 것입니다.

자부심을 갖는 것은 위대할 수 있지만, 자부심은 또한 관계를 죽입니다. 그것은 당신과 당신의 파트너 사이에 쐐기를 만들어 친밀감을 파괴하고 신뢰를 약화시키며 연인과의 평화를 거부합니다. 저는 우리의 두뇌가 어떻게 믿을 수 없는 것을 현실이 될 정도로 현실처럼 보이게 할 수 있는지에 대해 어안이 벙벙합니다. 예를 들어, 친구들에게 제가 집에 돌아올 때 항상 은유적으로 내 코존을 벽장에 넣으려고 하면 "안 돼. 안 돼."라고 말합니다. 이것이 의미하는 바는 거리에 내 자존심을 놔두고 연인과 연결하는 데 방해가 되지 않는다는 것입니다. 저는 겸손하고, 존중하고, 사랑하고, 배려하며, 내 파트너에 관해서는 학대하거나 논쟁하거나 옳고 싶은 충동이 없습니다. 아, 그리고 은유이기 때문에 코존은 모든 성별에 적용될 수 있습니다.

라스베가스에서 무슨 일이 벌어지면 라스베가스에 머무른다는 말을 아십니까? 당신의 연인이 싸움 중에 말하는 것은 무엇이든 거기에 머물러야 합니다. 연인과 싸움 중에 한 말이 다음날 당신을 짜증나게 한다면, 너무 빨리 다시 가는 대신 숨을 쉴 수 있는 공간을 확보하십시오. 논쟁을 너무 자주 제기하면 해결이 아니라 서클에서 이야기하게 될 수 있습니다. "미안합니다" 도구로 대화에 접근하세요.

신념

존경
인사 각 다른
우주

가치

성취

가족키우기

차이점

세상에서 가장 좋은 느낌
당신이 누구인지 찾고 있습니다.

믿음을 이어주는 관계는 쉽지 않지만 사랑은 미친 짓입니다. 하지만 가장 헌신적인 파트너 사이에서도 다른 믿음, 정치적 견해 또는 도덕적 견해가 당신의 관계에 도전이 될 수 있습니다.

믿음에 대해 이야기할 때 표면적으로는 작은 주제처럼 보입니다. 그러나 광범위한 문제를 다루기 때문에 가장 중요한 것 중 하나입니다. 파트너의 신념에 대해 이야기하고 파트너의 기분을 상하게 하는 선을 넘은 적이 있습니까? 이런 일이 발생하면 그들은 당신이 그 선을 넘었음을 알려줄 것입니다. 여기서 무엇을 하느냐가 중요합니다.

이 정치 세계는 통제 불능일 수 있습니다. 소셜 미디어에서 트윗이나 댓글을 퍼뜨리는 것은 한 가지이지만, 집에서 문턱을 넘으면 문제가 되는 것이 현실입니다.

당신과 다른 종교적 견해를 가진 연인과 함께 있으면 스트레스를 받고 압도될 수 있습니다. 강력한 연합을 구축하려면 특히 전통이 관련될 때 서로의 삶에 적극적으로 참여해야 합니다. 이러한 기본 관행에서 벗어나면 연인이 소외되지 않습니다. 그것은 당신과 당신의 파트너 사이에 분열을 일으킬 수 있습니다.

파트너의 신념을 존중하는 것이 중요합니다. 지속되는 유일한 관계는 계속 성장하고 발전하며 각 개인의 목표와 신념을 존중하는 관계입니다. 서로를 축하하고 차이점에서 즐거움을 찾는 시간을 가지십시오. 그것은 차이를 발견으로 바꾸고 믿음을 나누는 것을 즐겁게 만들 수 있습니다.

믿음은 경계를 넘을 것입니다. 이런 일이 일어나도록 내버려 둔다면 그것을 소유하고 "네 말이 맞아, 제가 틀렸어"라고 말하는 것이 좋습니다.

귀하와 귀하의 연인을 위한 질문

우리는 서로의 신념을 존중합니까? 우리는 서로를 동등하게 존중합니까?

우리 중 한 사람이 다른 사람보다 더 옳다고 (아마도 비밀리에) 생각합니까?

신념이 주제의 중심일 때 우리는 서로 다른 의견을 가질 권리를 존중합니까?

우리는 서로 다른 믿음을 강요합니까?

믿음이 다를 때 공통점을 찾으려고 노력합니까?

서로 다른 믿음이 문제가 될 때 우리는 이야기를 나누나요?

우리는 서로의 종교적 또는 영적 신념을 존중합니까?

우리는 서로의 정치적 신념을 존중합니까?

우리는 가족의 재정 관리에 대한 서로의 접근 방식을 존중합니까?

우리는 우리의 믿음에서 나오는 서로의 아이디어와 꿈을 지지합니까?

우리는 친구 및 가족과 믿음을 나눌 수 있습니까?

차이를 위한 도구: 존중

당신의 연인이 당신과 완전히 다른 확고한 신념을 가지고 있어도 괜찮습니다. 종교, 정치, 어린이, 그리고 세상이 어떻게 작동해야 하는지에 관해서는 같은 페이지에 있을 때 파트너십이 더 쉬워집니다. 그렇지 않은 경우 관계에 압력과 긴장을 더할 수 있으며 상호 존중 도구를 사용해야 합니다. 연인이 증오나 독이 없는 다른 관점을 갖도록 허용하십시오. 의사 소통이 핵심이며 현명한 격언은 동의하지 않을 것에 동의하십시오.

세상이 빠른 속도로 변화하면서 온·오프라인에서 많은 대화가 정치나 건강을 중심으로 하는 것 같습니다. 특히 소셜 미디어의 공개 포럼에서 차이점은 일반적으로 축하되지 않습니다. 파트너의 신념이 다른 사람들로부터 공격을 받을 때가 올 수 있습니다. 그렇다면 그들을 방어하고 보호하기 위해 일어나야합니다.

액션 아이템
타협
판단을 중지합니다. 당신의
파트너의 의견.

당신이 당신의 관점이나 의견에 대해 이야기할 때, 당신이 필요하거나 원한다고 해서 주장하려고 하지 마십시오. 잘못된 것뿐입니다. 당신의 연인은 자신의 의견에 대한 권리가 있습니다. 세상의 많은 사람들은 모든 사람이 자신의 의견을 말할 권리가 있다는 사실을 잊어버렸습니다. 연인과 다른 믿음에 대해 이야기하고 싶다면 진정한 호기심과 파트너에 대한 존경심에서 대화의 틀을 잡아야 합니다.

연인이 자신의 생각과 감정을 솔직하고 솔직하게 표현할 수 있도록 하십시오. 믿음의 차이 때문에 연인을 판단하거나, 조롱하거나, 거부하지 마십시오. 그리고 가장 중요한 것은 당신이 그들의 생각을 바꿀 것이라는 마음가짐으로 연인에게 접근하는 것을 피하십시오. "당신은 어떻게 생각할 수 있습니까?"로 대화를 이끌면 실패합니다.

파트너십이 직면할 수 있는 가장 큰 문제는 커뮤니케이션 부족입니다. 싸우지 않고 적극적으로 경청해야 합니다. 목표는 이해를 향상시키는 것입니다. 적극적으로 경청하려면 노력과 집중이 필요하며, 주의를 산만하게 하거나 판단하지 않고 연인에게 주의를 기울이고 혈압이 천정에 치솟는 느낌 없이 반응할 때 자신이 잘한다는 것을 알 수 있습니다. 의견의 차이를 말하는 능력은 매우 중요합니다. 파트너의 관점을 존중하고 당신의 관점에 대한 대가로 존중받는 것이 세상을 돌아가는 것입니다.

적극적으로 의사 소통하는 연인은 심각한 불일치에 대한 폭풍우를 헤쳐나갈 수 있습니다. 연인과 의견이 다를 경우 상호 존중 도구를 적용하십시오. 그렇게 하지 않고 계속해서 자신의 관점을 밀어붙인다면, 연인 관계를 혼자서 파괴할 것입니다.

150

감사

감사를 받을 자격이 있을 때 감사를 표하지 않는다면,
그들은 당신이 감사하는 일을 중단할 것입니다.

우리 모두는 특히 사랑하는 사람들에게 인정받는 것을 좋아합니다. 감사는 파트너 만족의 가장 중요한 측면입니다. 크고 작은 모든 일에 대해 매일 서로에게 감사하는 연인은 결국 연인 관계 내에서 감사의 문화를 발전시킵니다. 직장, 건강 또는 스트레스로 인한 과부하로 인해 연인이 감사의 마음을 전하지 못하는 경우가 일반적입니다. 삶은 바빠지고 우리는 할 일에 몰두하는 경향이 있으며 습관이 표준이 됩니다.

관계에 대한 감사의 부족은 분노를 낳고 파트너십에 불공평함을 느끼게 합니다. 일방통행입니다. 연인이 꿀업 목록이나 다른 것을 처리할 때마다 큰 생산을 할 필요가 없습니다. 하지만, 감사할 때는 확실히 좋습니다. 파트너의 감정이 연인을 돌보고 싶어하는 것에서 보살핌을 받기를 바라는 파트너로 바뀔 때, 그 완전한 감사 부족은 분개를 만듭니다.

감사 부족이 관계를 짓누르고 있다는 신호: 연인이 "고마워"라고 말하지 않거나, 조언을 구하거나 의견을 묻지 않으며, 묻지 않고 계획을 세우고, 공평한 몫을 하지 않으며, 특별한 일을 하지 않는 경우 기회가 있음, 낭만적인 노력을 하지 않음, 불성실함, 당신의 하루 일을 묻지 않음, 당신의 감정을 고려하지 않음, 마음대로 오고 가거나, 가족 행사에 묻거나 약속하지 않고 저녁 식사를 위해 친구를 데려옴 묻지 않고.

연인이 서로를 당연하게 여기고 있다는 감사 신호를 표시하지 않습니다. 감사가 매일의 사랑을 표현하는 방법이라는 사실을 잊어버린 사람이라면 그것을 소유하고 "네가 옳다, 제가 틀리다"라고 말하는 것이 좋다.

귀하와 귀하의 연인을 위한 질문

우리는 작은 일에도 큰 일에도 감사합니까?

우리는 서로가 가장 자랑스러워하고 가장 높이 평가받기를 원하는 것이 무엇인지 알고 있습니까?

하루가 어땠는지 서로 물어보나요?

우리는 서로 도울 때 감사의 표시를 기대합니까?

우리는 서로 상의하지 않고 결정을 내리는가?

우리는 서로 이야기할 때 무시합니까? 우리는 정말로 서로의 말을 듣고 있습니까?

우리는 "예"라고 말하는 것보다 서로 "아니오"라고 말하는 경우가 더 많습니까?

우리는 정기적으로 서로를 칭찬합니까?

우리는 서로의 조언을 구합니까?

계획을 세울 때 서로 확인해 줍니까?

우리는 종종 혼자 또는 친구와 함께 외출하고 다른 연인을 집에 두고 있습니까?

우리 각자는 할 일과 집안일을 공정하게 분담하고 있습니까?

우리 각자는 가족 행사에 참석합니까?

우리 둘 다 낭만적인 노력을 하고 있나요?

우리가 자유를 가지고 왔다갔다 하나요? 우리는 우리의 일정을 서로 알고 있습니까?

감사의 도구: 나는 바보야

당신은 연인이 당신을 위해 하는 모든 일에 대해 감사합니까, 아니면 연인을 당연하게 여깁니까? 확실하지 않다? 집안일, 저녁 식사, 아침에 커피 만들기, 쇼핑, 세탁, 청구서 지불을 위한 돈 벌기, 자동차 정비 받기, 건강 약속 잡기 등과 같이 그들이 매일 당신을 위해 하는 모든 일의 목록을 작성해 보세요. 그런 다음 놓친 것이 없는지 확인하도록 요청하십시오. 당신이 알지 못하는 사이에 당신의 연인이 하는 일들이 많이 있을 수 있습니다.

연인이 자신과 가족을 위해 하는 일에 대해 동일한 목록을 만들도록 하십시오. 이제 목록을 비교하십시오. 그들이 더 많은 짐을 지고 있다면 휴스턴, 문제가 있는 것입니다. 대부분의 경우, 당신이 하는 일의 목록은 그들의 목록과 비교조차 되지 않을 것입니다. 여기에서 나는 바보야 (I'm Idiot) 도구가 작동합니다.

고마워라고 말하는 것은 연인에게 감사를 표시하는 가장 간단하고 확실한 방법인 것처럼 보이지만 거의 수행되지 않습니다. 따라서 공정한 몫을 하지 않는다면 "저는 바보입니다"라고 주장하고 놀라운 연인에게 감사하십시오. 더 중요한 것은 "저는 이것을 얻었다"는 에너지를 활성화하여 공정한 몫을 시작하는 것입니다.

액션아이템
올바른 선택을 하세요
매일 사랑과 애정을 나타내십시오. 침대에서 커피나 키스로 시작하세요.

달콤한 메모를 남겨 더 많은 감사를 표시할 수도 있습니다. 자동차 대시보드, 욕실 거울, 베개 등 연인이 쉽게 찾을 수 있는 곳에 숨깁니다. 당신이 얼마나 사랑하는지 당신의 연인에게 말하는 짧은 연애편지나 갑작스러운 전화가 당신의 파트너의 하루를 어떻게 밝게 할 수 있는지 놀랍습니다. 이것이 파트너십을 계속 뜨겁게 유지할 수 있을 것입니다.

당신의 연인이 힘든 한 주를 보냈다면 "I got this"가 세상을 의미합니다. 목욕에서 긴장을 풀거나 책과 함께 몸을 웅크릴 수 있는 몇 시간의 조용한 시간을 주십시오. 쇼핑, 요리, 저녁 식사 설거지, 아이들의 숙제를 도와주세요.

선물로 감사 인사를 전할 수 있습니다. 꽃이나 낭만적인 데이트의 밤, 모두 당신이 계획한 것입니다. 데이트 중에는 휴대전화를 단단히 치워 두십시오. 당신의 연인이 보고 좋아했지만 스스로 사지 않은 무언가로 당신의 연인을 놀라게 해주세요 또한 카드, 꽃 또는 연인을 놀라게 할 수 있는 다른 것 없이 생일이나 발렌타인 데이를 잊지 마십시오. 사람들이 중요하지 않다고 말한다면 그것은 사실이 아닙니다. 이것은 일 년에 단 며칠입니다. 당신은 감사하다는 것을 보여줄 기회가 있고 그것은 효과가 있습니다. 어떤 파트너도 감사를 거절하지 않을 것입니다.

요법에 Yes Day를 추가할 수도 있습니다. Yes Day는 다음과 같이 작동합니다. 날짜와 연인이 무엇을 요청하든 "예"라고 대답해야 합니다. 따라서 둘 다 동의할 수 있는 "요청"에 대한 제한에 대한 계약을 작성하십시오. 양측의 첫 번째 라운드가 끝나면 계약을 업데이트할 수 있습니다. 따라서 시작하려면 격월의 첫 번째 토요일이 Yes Day라고 가정해 보겠습니다. 그런 다음 연인에게 번갈아 가며 하루를 보냅니다. 이제 연인이 하루 종일 당신에게 요구하는 모든 것에 예라고 말할 차례입니다.

이 Yes Day는 여러 면에서 훌륭합니다. 그날을 위해 파트너의 욕구, 특히 일반적으로 닫혀 있는 욕구가 충족됩니다. 그렇게 말하면 상대방이 힘들더라도 밝은 면을 보세요. 두 달에 하루 동안 연인은 기분이 좋을 것입니다. 이 연습은 파트너의 욕구가 충족되기 때문에 관계를 다시 시작합니다.

Yes Day에서 첫 번째 시도는 파트너십에 도전할 수 있습니다. 왜냐하면 일반적으로 요청에 대한 첫 번째 반응은 "아니오"라고 말하는 것이기 때문입니다. 그러나 이것을 잠시 생각해 보십시오. 이것은 당신이 사랑하고 아끼는 파트너이며, 그들은 그들을 행복하게 해 줄 부탁을 가지고 있습니다. 왜 그들을 거부하겠습니까? 저는 당신의 연인이 원하는 것이 충족되기 시작하면 그들이 당신을 더 사랑할 것이라고 보장합니다.

Yes Day는 각 연인이 무엇이 서로를 행복하게 하는지 이해할 수 있는 기회입니다. 당신은 또한 당신의 연인이 그들이 놓치고 있다고 느끼는 것을 이해할 수 있는 기회를 얻게 될 것입니다. 이를 통해 연인은 멋진 방식으로 요구 사항을 충족할 수 있습니다. 그것은 또한 그들이 결코 가지 않거나 하지 않을 장소와의 파트너십에 도전합니다. 결국, 당신은 당신이 결코 시도하지 않았을 무언가를 즐길 수 있다는 것을 깨달을 수도 있습니다.

책임

파트너의 자리가 부엌이라고 생각한다면,
칼이 보관되는 곳도 기억하십시오.

파트너십은 정의상 함께 사업에 참여하는 것을 의미합니다. 연인은 완벽하지 않지만 안정적이고 충성스럽고 함께 일할 의지가 있어야 합니다. 그러한 특성이 실현되기 어려워 보인다면, 그것은 분개할 것입니다.

책임 공유 – 표면적으로는 합리적이고 직접적인 두 단어입니다. 그러나 이 양파를 껍질을 벗기면 수많은 싸움, 이혼, 불행, 원한이 그 말에서 나옵니다.

문제는 한 연인이 다른 연인이 관계에 더 많이 참여하기를 바라는 데서 비롯됩니다. 당신이 회사의 사장이고 항상 여행해야 하는 것은 중요하지 않습니다. 물론, 가족에게 재정적 지원을 제공하는 것이 당신의 직업임을 정당화할 수 있습니다. 그러나 그것이 당신이 관계에 있지 않다는 것을 의미한다면 세상의 모든 돈은 당신의 연인을 돌보지 않을 것입니다. 그들이 관심을 갖는 것은 당신이 진정으로 마음, 몸, 영혼의 동반자 관계에 있는지 확인하는 것입니다.

책임을 분담하는 방법이 외부 도움을 요청하는 것이라면 기술적으로 작업을 완료할 수 있습니다. 그러나 이것은 팀워크가 아닙니다. 자신의 것을 지키지 않고, 공정한 몫을 하고, 책임을 분담할 때 개입한다는 것은 모든 짐을 연인에게 떠넘기는 것을 의미합니다. 이것은 자격으로 돌아갑니다. 그것은 파트너쉽에 분노와 불균형을 만듭니다. 분노가 쌓입니다.

당신이 일종의 책임을 분담하고 이것이 공평하다고 생각할 때, 당신의 연인은 그것을 완전히 다르게 볼 수 있다는 것을 알아두십시오. 연인에게 질문하지 않으면 연인이 당신의 헌신 수준을 공정하게 여기는지 문제로 여기는지 결코 알 수 없습니다.

당신이 공유 부서에서 가벼운 사람으로 판명되면 "당신은 옳고, 내가 틀렸다."고 말하는 것이 좋습니다.

귀하와 귀하의 연인을 위한 질문

서로를 충분히 돕지 않아 스트레스와 불안이 계속되고 있습니까?

가족 활동 및 집안일 일정을 공유합니까?

6개월 이상 미완성된 꿀일 목록이 있습니까?

우리에게 동일한 양의 자유 시간이 있습니까? 아니면 우리 중 하나는 다른 하나가 휴식을 취하는 동안 여전히 갈고 닦고 있습니까?

우리는 서로를 확인하고 한 사람은 끝없는 할 일 목록을 남기고 다른 한 사람은 MIA입니까?

우리는 더 많은 일을 돕겠다고 서로 잔소리를 하고, 하나의 변명만 늘어놓습니까?

우리 둘 중 어느 쪽이든 집안일을 미루고 있습니까?

다른 사람이 요청할 때 작업을 완료하기 위해 하던 일을 중단합니까?

상대방의 기대가 불공평하다고 생각합니까?

우리가 하기로 약속한 것을 잊지 않습니까?

우리 각자가 파트너십을 유지하기 위해 얼마나 많은 노력을 기울이고 있는지에 대해 싸우고 있습니까?

책임을 위한 도구: 그냥 조용히 하세요

연인과 같은 페이지에 도달하고 각자에게 필요한 것이 무엇인지 파악하려면 작업이 필요합니다. 목표는 코만도 솔로가 아닌 파트너로 함께 해결하는 것입니다. Just Shut Up and Do It 도구를 시작하고 적용하는 똑똑하고 지능적인 연인이 되십시오.

Just Shut Up and Do It의 첫 번째 부분은 타협이고 두 번째 부분은 조직화됩니다. 이것은 당면한 모든 작업을 처리하는 열쇠입니다. 집안일은 청소만 하는 것이 아님을 기억하십시오. 청구서 지불, 케이블 회사와 보류, 식사 계획, 가족을 위한 생일 선물 구매와 같은 것들도 필수적입니다. 다음 주에 나올 모든 작업의 목록을 만들고 책임 있는 모든 쇼가 볼 수 있는 달력을 만들 수도 있습니다. 한 연인이 묻히면 다른 연인은 그냥 입 다물고 행동해야 합니다. 파트너십이며 게임에서 승리하려면 팀이 필요합니다.

타협은 책임을 분담할 공정한 방법을 찾는 것입니다. 우리는 성인이고 집안일은 모두가 다섯 살처럼 느껴지기 때문에 집안일을 "활동"이라고 부를 것입니다. 따라서 활동을 균등하게 나누십시오. 자신이 잘하는 분야에 따라 활동을 할당하는 것으로 시작하십시오. 동일한 오래된 논쟁을 피하는 비결은 활동 목록을 완성하는 것입니다. 연인이 체중을 당기지 않는다면, 그것을 불러내고 활동이 완료될 때까지 노는 시간을 줄이십시오.

액션 아이템
의사 소통하다

이 관계를 전환하기 위해 주도적으로 나서십시오. 이번 주에 완료할 파트너 프로젝트에 참여하십시오.

특히 균형이 맞지 않는 목록인 경우 작업을 더 잘하는 사람에 따라 활동을 공유할 때 주의해야 합니다. 이 경우 연인은 몇 가지 새로운 기술을 배워야 합니다. 양파를 자르거나 식기 세척기에 넣는 방법 또는 리모컨을 프로그래밍하는 방법을 가르쳐 봅시다. 그러나 작업 방식이 마음에 들지 않는다고 비판하거나 다시 실행하지 마십시오. 이렇게하면 연인이 체크 아웃하고 다시는하지 않을 수 있습니다.

그런 다음, 조직화하고 배운 시간 관리 기술을 적용하십시오. 예를 들어 2 시간 플레이할 때마다 1시간의 고된 노동을 해야 합니다. 목표는 꿀일 목록을 완성하고 완료되면 더 요청하는 것입니다. "브레이크가 실제로 작동한다는 것을 알고 차를 운전하는 것이 훨씬 낫습니다." "오, 친구가 베란다 바닥에 있는 구멍으로 더 이상 떨어질 수 없기 때문에 지금 친구를 초대할 수 있습니다."라고 생각하십시오.

다음 주에 해야 할 일과 누가 무엇을 담당해야 하는지 정의하는 달력을 만드십시오. 일정을 세우고 마감일을 정하세요. 할 일 목록 앱에서 미리 알림을 설정하거나 냉장고처럼 모든 사람의 목록을 게시하세요. 공을 떨어뜨리면 공이 끝날 때까지 많은 소음을 낼 수 있다고 연인에게 말하십시오. 공정하다 공정하다 어느 쪽이든 시작할 수 있는 유일한 시간은 파트너의 일정이 작업을 완료하는 것을 허용하지 않거나 당신이 아플 때입니다. 공정한지 아닌지 알 수 있습니다. 서로를 확인할 수 있는 방법을 생각해 보고, 의심스러울 때는 그냥 조용히 하세요.

9장: 관계를 위한 일일 보안 도구

사랑

모든 위대한 것은 간단하고 될 수 있습니다
희망이라는 한 단어에 담겨 있습니다.

파트너십을 소유하고 관계에 보안을 도입하십시오. 이것이 당신의 전부입니다. 당신의 행동이 주도하도록 함으로써 혼자서 변화를 만들 수 있습니다. 당신의 연인을 당신의 가족과 아이들을 포함한 모든 사람보다 당신의 인생에서 가장 중요한 사람으로 만들어 이 파트너십을 소유하십시오. 이 파트너십을 소유하고 연인이 아닌 다른 사람이 말할 수 없도록 하십시오. 이 파트너십을 소유하고 파트너의 목소리를 듣게 하십시오. 연인을 비판하고, 비하하고, 논쟁하고, 공격하고, 부정적인 말을 할 때마다 파트너의 사랑이 부서지고 침식된다는 점을 이해하십시오. 2장의 네 가지 실수는 모든 관계에 파괴적일 수 있습니다. 당신의 관계에 이러한 실수 중 하나 이상이 존재한다면, 당신이 이미 거기에 있지 않다면 당신은 사랑이 없다고 느끼는 빠른 경로에 있을 수 있습니다.

감정적으로 막히거나 중요한 문제에 대해 이야기하고 싶지 않아 체크아웃할 때마다 파트너십에 거리가 생깁니다. 그것은 파트너십의 사랑에 부정적인 영향을 미칩니다.

당신이 끊임없이 화가 났을 때 어떻게 당신의 연인에게 사랑을 나타낼 수 있습니까? 당신은 할 수 없습니다. 이유가 무엇이든 항상 당신에게 소리를 지르는 연인을 어떻게 사랑할 수 있습니까? 당신은 할 수 없습니다. 이것은 당신이 파트너로 체크 아웃하고 나쁜 룸메이트가 될 때입니다.

파트너로부터 사랑이 거의 또는 전혀 느껴지지 않는 것과 관련이 있다면 그들도 같은 감정을 느낄 것이라고 약속합니다. 이 경우 귀하와 귀하의 연인은 서로에 대한 존경심을 상실했습니다. 당신의 파트너쉽에 대한 분노, 분개, 엇갈린 감정... 이것이 당신이 왜 당신이 비참한 연인 관계에 있는지에 대해 질문하는 지점입니다.

사랑의 부족은 파트너십을 해칠 수 있습니다. 이런 일이 일어났고 그것을 되돌리고 싶다면 그것을 소유하고 "당신이 옳다, 내가 틀렸다"라고 말하십시오.

귀하와 귀하의 연인을 위한 질문

우리 둘 중 하나 또는 둘 다 감정적으로 쫓겨나기 때문에 사랑받지 못한다고 느낀 적이 있습니까?

우리는 서로의 하루를 더 쉽게 만들어주는 일을 함으로써 서로의 사랑을 표현하고 있습니까?

우리가 서로를 사랑하고 서로에게 헌신하고 있는지 의심한 적이 있습니까? 그렇다면 그 의심을 어떻게 해야 할까요?

커피를 마시거나 긴장을 풀기 위해 목욕을 하는 것과 같은 작은 방법으로 서로에 대한 사랑과 감사를 표현합니까?

우리는 물을 때 멈추고 서로 경청합니까?

우리가 서로를 위해 거기에 있어야 한다는 것을 깨닫는다면 우리는 우리 자신의 계획을 취소합니까?
우리가 서로 얼마나 사랑하는지 서로에게 무작위로 포옹하고 키스합니까?

우리는 정기적으로 섹스와 친밀감을 위한 사적인 시간과 공간을 지키고 있습니까?

우리는 서로에게 화를 낼 때 숨을 고르고 서로 사랑하고 보살피고 있음을 상기시키는가? 그것이 결론인가?

우리는 각자 자신을 돌보고 다른 사람이 제공하는 사랑을 받아들일 기분이 듭니까?

사랑의 도구: 희망

당신의 연인은 당신이 영원히 거기에 있기를 바라며 당신과 헌신적인 파트너십을 맺었습니다. 그래서 당신의 연인은 여전히 당신이 영원히 거기에있을 것이라고 생각합니까? 영원히 거기에 있고 싶다는 메시지를 보낼 것인가, 아니면 가라앉기 전에 불타는 배에서 내리고 싶다는 메시지를 보낼 것인가?

이제 기본으로 돌아가서 연인을 최우선 순위로 삼을 때입니다. 희망 도구가 도움이 될 수 있습니다. 연인을 최우선 순위로 삼는 것이 사랑을 관계로 되돌리는 열쇠입니다. 연인이 다시 사랑받고 있다는 느낌을 갖게 함으로써 관계를 되돌릴 수 있습니다.
간단하지만 건강한 관계를 방해하는 요소를 버리고 희생해야 합니다. 같은 페이지에 올라가 과거를 잊고 이 관계가 당신만의 것이 아니라는 것을 기억하는 것입니다.

연인과 함께 앉아서 그들을 미치게 만드는 모든 것을 살펴보십시오. 그들이 당신을 사랑하고, 존경하고, 다시 신뢰하기를 원한다고 말하면 당신은 더 나아질 준비가 된 것입니다.

액션 아이템
질문하세요

당신의 연인을 미치게 만드는 것은 무엇입니까? 3일 규칙을 사용하여 질문하십시오. 그들이 만들지 않는다는 것을 이해하십시오. 그들이 사물을 보는 방식입니다. 4일차에 TALK IT OUT.

이제 3일 규칙을 적용할 때입니다. 이렇게 작동합니다. 모든 문제 목록을 작성하십시오. 실제 문제는 적어도 한두 페이지는 있어야 합니다. 이제 변경할 수 있는지 확인하는 창의적인 방법을 찾으십시오. 판단 없이 실제 문제를 처리하는 데 3일이 걸립니다. 당신의 첫 번째 반응은 "안 돼!"라는 것을 이해하십시오. 당신은 방어적일 것입니다. 그것은 단지 인간의 본성입니다. 진정되면 목록을 살펴보십시오. 합리적인 것을 보아야 합니다. 더 복잡한 문제에 대해서는 연인과 이야기하고 타협할 수 있는지 확인하십시오. 그것이 연인에게 그들이 우선 순위임을 보여주는 방법입니다.

당신은 헌신을 유지해야합니다. 그것은 당신이 기복을 겪으면서도 긍정적인 태도를 유지한다는 것을 의미합니다. 그러한 부정적인 생각을 부수고 당신의 행동이 당신의 말보다 더 큰 의미를 갖는다는 것을 기억하십시오. 당신은 바위이고 당신의 연인은 당신을 의지하며 그것이 희망을 현실로 만드는 방법입니다. 따라서 연인을 우선 순위에 둘 때이며 복잡하지 않습니다. 헌신이 필요할 뿐입니다.

스트레스

파트너스트레스를줄이는것이인생의직업이되도록하십시오.

저녁식사는어디에서?

시간을놓쳤어

나는식료품가게에가는것을잊었다
나는세탁하는것을잊었다.

800
700
600
500
100
0

JAN FEB MAR APRIL MAY JUN JUL AUG

스트레스

물론, 그들은 모든 것을 스스로 할 수 있습니다.
그러나 진정한 연인은 그들을 허용하지 않을 것입니다.

스트레스는 모든 사람의 일상 생활에 존재합니다. 그렇다면 연인이 문제를 처리하고 더 중요하게는 이를 줄이는 데 있어 긍정적인 차이를 만드는 방법은 무엇입니까? 스트레스가 많은 사건은 파트너의 자신과 세계에 대한 관점을 바꿀 수 있습니다. 그것은 삶, 직업, 관계, 안전 및 미래에 대한 감정을 바꿀 수 있습니다. 연결이 끊어지면 절대 알 수 없습니다.

모든 가정 활동을 연인에게 의존하는 경우 기본적으로 파트너의 삶에 스트레스를 추가하고 있음을 이해하십시오. 설상가상으로, 당신의 연인은 인생에서 가장 작은 일에도 당신을 의지할 수 없다고 생각하고 심지어 묻는 것을 중단할 수도 있습니다. 당신의 연인은 스스로 하는 것이 더 쉽고 덜 답답할 수 있습니다.

대부분의 경우 이미 과부하 상태에 있는 자신을 발견할 것입니다. 그렇다면 추가 재정, 가족, 건강 및 직장 문제가 이미 바쁜 일정에 어떻게 맞습니까? 그들은하지 않습니다. 특히 한 연인이 대부분의 부담을 지는 경향이 있는 경우. 스트레스는 또한 친밀감 상실과 로맨스의 죽음으로 이어지는 정서적 거리를 유발할 수 있습니다.

파트너십이 강력하고 두 파트너 모두 스트레스를 관리할 때 상실, 트라우마, 비극 및 기타 문제에서 회복하는 능력을 심리적 회복탄력성이라고 합니다. 이러한 문제가 문제가 되는 것은 파트너십이 약할 때입니다.

연인이 항상 핀과 바늘에 있다면, 당신은 당신의 일을하지 않은 것입니다. 이런 일이 일어났고 그것을 되돌리고 싶다면 그것을 소유하고 "당신이 옳다, 내가 틀렸다"라고 말하십시오.

귀하와 귀하의 연인을 위한 질문

우리는 보통 서로의 스트레스를 더하는가, 아니면 서로의 스트레스를 줄이는가?

모든 가정 활동을 처리할 때 서로의 스트레스를 더합니까?

서로에게 휴식과 휴식을 주기 위해 우리는 무엇을 하나요?

우리 둘 중 하나 또는 둘 다 상대방의 스트레스를 가중시키는 통제 문제가 있습니까?

우리 둘 중 하나 또는 둘 다 어린 시절 문제로 어려움을 겪거나 PTSD로 고통 받고 있습니까?

우리의 외부 가족 구성원이 우리의 스트레스를 가중합니까? 그런 일이 일어나는 것을 보면 서로의 스트레스를 줄이려고 노력합니까?

우리는 우리 관계의 상태에 대해 스트레스를 받고 있습니까?

서로가 예전만큼 관계에 전념하지 않는다고 생각하기 때문에 우리 둘 중 하나가 스트레스를 받고 있습니까? 우리 중 하나 또는 둘 다 포기했습니까?

우리 둘 중 하나 또는 둘 다 파트너십에 스트레스를 가하는 건강 문제가 있습니까?

우리는 싸우지 않고는 말할 수 없는 것처럼 보이기 때문에 항상 곤경에 처해 있습니까?

스트레스를 위한 도구: 그것은 당신의 일입니다

과부하 된 연인을 돕는 비결은 무엇입니까? 그들이 스트레스를 받지 않도록 부하를 줄이는 것이 당신의 일입니다. 연인이 스트레스를 받지 않도록 하는 것이 당신의 일이라는 생각으로 삶에 접근한다면, 당신은 게임보다 앞서 있는 것입니다.

It's Your Job은 파트너의 스트레스를 줄이는 게임 체인저입니다. 그냥 앉아서 내가 당신에게 요구하는 것과 그 이유를 처리하십시오. 그런 다음 연인이 스트레스를 받지 않도록 하는 것이 무엇을 수반하는지 이해하십시오. 물어보는 것도 큰 일인데, 이것으로 얻은 보상의 수를 셀 수도 없습니다. It's Your Job을 시작할 시간입니다.

연인에게서 스트레스의 징후가 보이면 친절하고 동정적인 방식으로 무슨 일이 일어나고 있는지 알아보세요. "오늘 하루가 좋지 않으세요? 내가 도움이 될 수 있습니다?" 또는 "더 나은 것을 만들기 위해 내가 무엇을 할 수 있습니까?" 당신이 당신의 연인을 정말로 알고 있을 때, 당신은 그들이 어디에 도움이 필요한지 정확히 알게 될 것이고 그냥 하게 될 것입니다. 일에 관해서라면, 당신은 불평 없이 필요한 모든 일을 하기만 하면 됩니다.

액션 아이템
타협
연인을 위한 시간을 마련할 때입니다. 일주일 동안 그 게임 시청을 취소하고 두 사람만을 위한 시간으로 만드십시오. 일주일만.

재정이 문제이고 당신이 돈을 관리한다고 가정해 보십시오. 연인과 함께 앉아서 문제를 해결하십시오. 부채를 줄이는 전략을 세우십시오. 이것은 적자를 줄이거 나 외식이나 매일 커피를 마시는 것과 같은 지속적인 지출을 줄이기 위해 필수적인 것을 팔아야하는 어려운 결정을 내리는 것을 의미 할 수 있습니다. 목표는 스트레스를 줄이는 것임을 기억하십시오.

친밀감은 모든 파트너십에서 매우 중요하며, 이를 놓치면 파트너십에 스트레스가 가중됩니다. 너무 바쁘고 연결이 끊어져 마지막으로 연인과 함께 즐거운 시간을 보낸 시간을 잊은 적이 있습니까? 그렇다면 함께 즐기는 것이 당신의 일입니다. 영화 보러 가고, 산책하고, 피크닉, 게임, 여행, 손 잡고, 포옹하고, 함께 웃는 것은 정상임을 느끼기 위한 약입니다.

연인을 위해 일정에 시간을 내십시오. 연인과의 관계는 다른 모든 우선 순위와 일정보다 우선합니다. 오해가 긴장의 원인이 되기 때문에 서로에게 있는 것을 축하하고 명확하고 정중하게 의사 소통하십시오.

파트너 없이 중요한 결정을 내리는 것은 항상 스트레스를 가중시킬 것입니다. 이것은 당신의 연인이 동의하고 당신과 같은 페이지에 있는지 확인해야 한다는 것을 이해하는 것이 당신의 일이라는 것을 의미합니다. 항상 연인을 루프에 유지하고 항상 사랑과 좋은 의도로 의사 소통하십시오. 당신의 직업에 능숙하다는 것은 진실을 말하고 연인에게 상처를 주더라도 정직하다는 것을 의미합니다. 이것은 파트너십과 신뢰에 정직을 가져오고 결과적으로 비밀과 스트레스를 줄이기 때문에 관계에 스트레스를 덜 줄 것입니다.

성질

잠재의식을통제하고화를내지마세요.

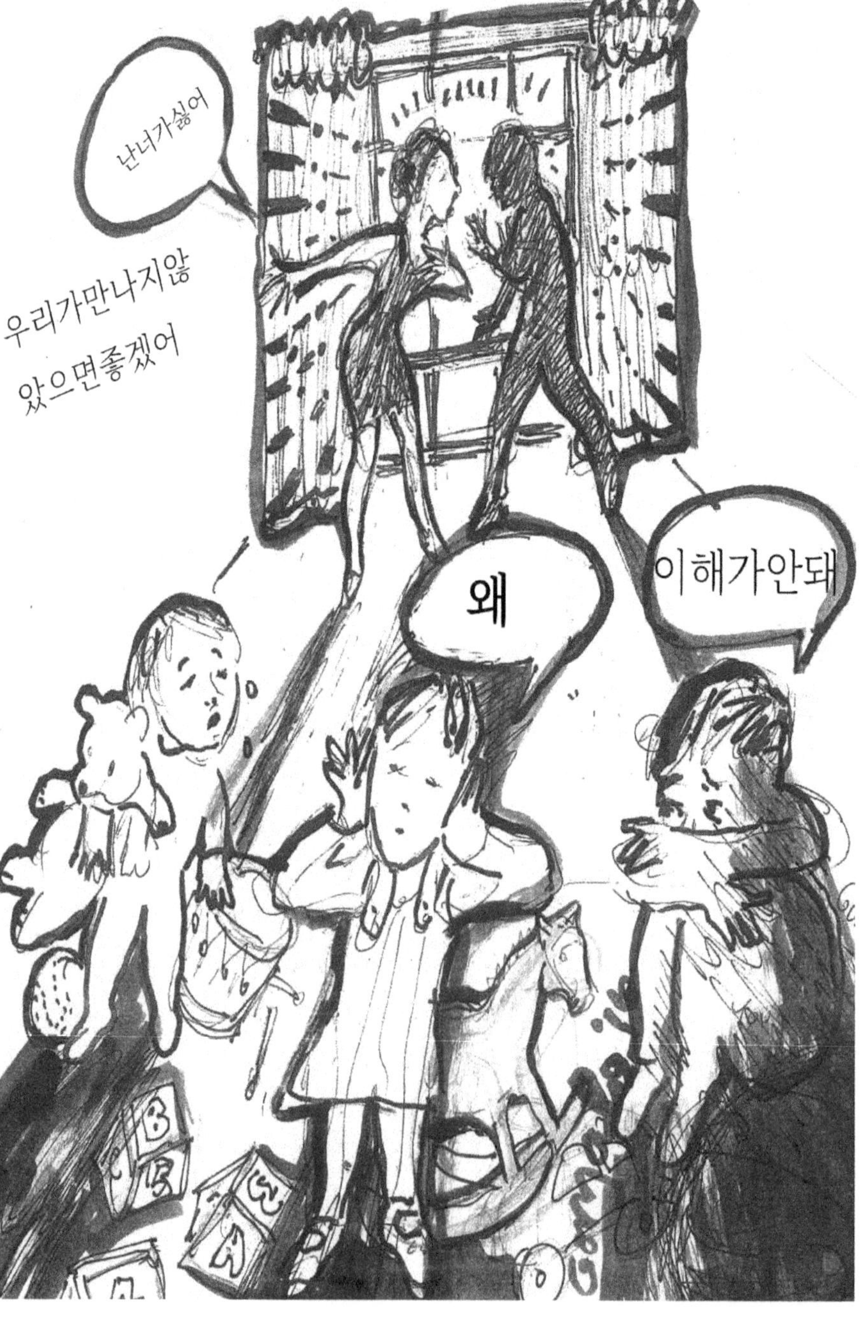

성질
파트너의 버튼을 누르면

너무 많이, 그들은 단지 작동을 멈출 수 있습니다.

나쁜 기질은 파트너십에 독이 될 수 있습니다. 그것은 두 파트너 모두에게 다양한 문제를 일으킬 수 있습니다. 당신이 성질이 나약하고 자주 폭발하거나, 소리를 지르거나, 물건을 던지거나, 위협하거나, 파트너 이름을 부른다면, 그것은 단순히 당신이 할 수 있는 최악의 행동입니다. 퓨즈가 짧거나 빨리 통제력을 잃으면 일상 생활의 표준이 될 수 있습니다.

화를 내는 것은 주변 사람에게 건강에 해롭습니다. 화를 내는 것은 나쁜 습관이 될 수 있으며, 적절한 분노 관리 기술이 없으면 연인과 가족 구성원이 감정을 잃게 만들 수 있는 말을 하는 것을 두려워하게 만들 수 있습니다. 당신이 그 사람이라면 연인 관계 당신의 가족이 당신 주위의 달걀 껍질을 밟을 것을 약속합니다. 그들은 또한 당신에게 동의하지 않거나 당신이 동의하지 않는 것을 공유할 수 없다고 느낄 수도 있습니다.

성미는 종종 부정적인 것으로 언급됩니다. 특정 기분이나 마음의 상태를 나타내지만(반드시 나쁜 것은 아님), 누군가가 "너는 성질이 급해"라고 말하면 일반적으로 감정을 제어할 수 없다는 의미입니다. 사소한 불편에도 싸우고 화를 내는 경향이 있거나 주변 사람들에게 충분히 참을성이 없습니다.

현실은 아무도 듣기 위해 물건을 던지거나 통제력을 잃을 필요가 없다는 것입니다. 화를 내는 것은 나쁜 프로그래밍입니다. 이런 일이 발생하면 그것을 소유하고 "네 말이 맞아, 내가 틀렸어"라고 말하는 것이 좋습니다.

귀하와 귀하의 연인을 위한 질문

우리 둘 중 하나에 제어 문제가 있습니까? 언제 멈출지 모른다는 말을 들었습니까?

우리는 논쟁 중에 말로 서로 상처를 줍니까?

논쟁하는 동안 상대방이 잃을 때까지 서로의 버튼을 누르나요?

우리는 서로에게 "미안해"라고 말합니까?

우리 둘 중 분노 이외의 감정을 표현하는 데 서툰 사람이 있습니까?

우리는 서로 존중하고 건설적으로 논쟁한다고 생각합니까?

서로가 이미 알고 있는 것을 서로 짜증나게 하기 위해 설명합니까?

논쟁 중에 서로의 견해를 표현하도록 합니까? 의견이 일치하지 않을 때에도 서로에게 인내심, 이해심, 동정심을 나타냅니까?

더 크게 말하면 상대방이 우리를 더 쉽게 이해할 수 있다고 생각합니까?

성미를 위한 도구: 통제

모든 사람이 하루나 이틀 동안 좋지 않은 시간을 보낼 수 있지만 특히 정기적으로 연인에게 공격적인 행동을 하면 관계에 부정적인 영향을 미칠 것입니다. 분노가 화를 낼 때 나는 이것을 채터박스 증후군이라고 부릅니다. 그것은 당신의 잠재 의식이 당신의 연인을 잊거나 당신이 그것을 잃을 때까지 당신이 스스로 노력하는 지점까지 당신의 연인을 잊거나 용서하지 못하게 할 때입니다.

사소한 문제로 순간적으로 화를 낸다면 그것은 나쁜 습관이나 나쁜 프로그래밍이 되었으며 이제 Chatterbox를 확인할 때입니다.

액션 아이템
의사 소통하다
연인과 상의하세요. 진정한 대화를 의미합니다. 문제를 테이블에 놓고.
승리/승리를 위해 이야기하십시오.

이 Chatterbox는 무엇입니까? 다음은 가장 간단한 예입니다. 당신의 잠재 의식이 당신을 너무 흥분시켜 폭발해야 할 때입니다. 교통이 끊긴 적이 있습니까? 끊어요. 다음에 무슨 일이? 그 사람은 즐거운 길을 갑니다. 그러나 당신은 전투 깃발처럼 들고 다니는 내면의 분노의 무대에서 하루를 보낸다.

Check Your Chatterbox는 내면의 목소리를 감출 수 없는 곳에 두는 방법입니다. 시도되고 사실인 몇 가지 방법이 있습니다. 먼저, 10까지 세십시오. 이 작업을 수행하는 동안 심호흡을 하고 부정적인 감정으로부터 자신을 산만하게 할 다른 것을 생각하십시오. Chatterbox는 귀하의 "싸움" 응답을 확대하려고 합니다. 그 잠재의식의 목소리를 의식하게 하면, 당신은 그것을 통제할 수 있을 것입니다.

불안하거나 화가 났는데 Chatterbox가 멈추지 않으면 상황에서 벗어나십시오. 몇 분 동안 운동을 하거나 긴 산책을 하거나 명상을 하십시오. 부정적인 에너지를 방출하기 위해 순간에 적절한 무엇이든하십시오. 그런 다음 자신을 진정시킨 후 연인과 이야기하십시오. 통제력을 잃지 않고 당신을 괴롭히는 것을 말하고 합리적으로 말하십시오.

그제서야 당신은 힘과 평화의 장소에서 연인과 함께 남은 인생에 대해 이야기할 수 있습니다. 잠재 의식을 제어할 수 있을 때만 연인과 추론할 수 있습니다. 복잡한 주제에 파트너십으로 접근하고 후회 없이 행동 방침을 결정할 수 있습니다.

중독이 관련되어 있고 열띤 논쟁이 벌어지고 있다면 Chatterbox를 점검하는 것을 포함하여 합리적인 결정을 내리는 것이 거의 불가능하다는 것을 이해하십시오. 연인에게 불리하고 불공평한 상황입니다. 이러한 상황에서 입은 피해는 되돌릴 수 없습니다. 나중에 대화를 해야 합니다. 그 순간에, 당신이 술에 취했을 때 그것을 다시 방문할 수 있도록 당신의 생각을 기록하거나 기록하십시오. 그것은 순간에 당신에게 출구를 줄 것입니다.

당신이 가진 모든 차이를 두고 싸우는 것은 현명하지도 실용적이지도 않다는 것을 기억하십시오. 당신은 논쟁에서 이기겠지만 궁극적으로 파트너십을 약화시킬 수 있습니다. 부정적인 에너지가 식을 시간을 허용하여 보다 합리적인 토론을 시작하십시오.

연인을 바꾸려는 노력에 집중하지 마십시오. 당신은 할 수 없습니다. 그러나 연인에게 영향을 미치고 자신의 직위의 이점을 보여줄 수 있습니다. 당신이 통제하기 보다는 협력에 도움이 되는 긍정적인 환경을 조성함으로써 연인에게 영향을 줄 수 있습니다.

때때로 당신은 당신을 괴롭히는 것이 무엇인지 이해할 필요가 있습니다. 당신이 싸우고 있는 문제가 아닐 수도 있습니다. 사소한 문제로 항상 화를 내고 있다면 Chatterbox가 충분히 손상되었으므로 Chatterbox를 종료 해야 합니다. 그냥 놔두셔도 괜찮습니다.

무게

당신의 연인은 당신을 바꿀 수 없습니다.

하지만 당신은 당신의 연인을 사랑하기 때문에 바뀔 수 있습니다.

많은 사람들에게 자신의 몸매와 같은 몸매를 유지하는 것이 어렵습니다. 과체중이거나 저체중일 수 있습니다. 그것은 당신의 얼굴이나 당신이 집착하는 신체의 다른 부분일 수 있습니다. 사람들은 자신의 몸이 수많은 변화를 겪는 것을 지켜보고, 돌아보는 곳마다 아이스크림과 도넛을 먹고 있는 젊고 아름다운 마른 사람들이 있고, 당신은 전병만 먹어도 살이 찌는 데 어려움을 겪습니다. 인생은 단지 불공평합니다.

체중 문제로 어려움을 겪고 있는 연인이 있습니까? 다른 사람처럼 보이기를 원하기 때문에 캐주얼 한 라이너를 버리거나 과체중 또는 저체중으로 보이는 방식에 만족하지 못합니까? 그것은 더 건강한 연인을 얻는 방법이 아닙니다.

당신의 연인이 과체중임을 의식하고 있다면, 당신이 그들이 옷을 벗거나 불을 켠 상태에서 연인을 쳐다보는 것을 원하지 않을 수 있습니다. 신체 이미지는 모든 사람의 심리적 구성에서 없어서는 안될 부분입니다. 파트너의 자존감이 나빠지면 칭찬을 받아들이거나 주변에서 편안함을 느끼기조차 어려워질 수 있습니다.

체중 문제는 개인이며 사람마다 다르게 처리합니다. 자신의 외모에 불만을 품고 집착하고 건강하지 않게 되는 사람들이 너무 많습니다.

가중치 대화는 경계를 넘을 수 있습니다. 이런 일이 발생하면 그것을 소유하고 "당신 말이 맞아, 내가 틀렸어"라고 말하는 것이 좋습니다.

귀하와 귀하의 연인을 위한 질문

서로의 몸을 있는 그대로 받아들이나요?

서로의 현재 무게를 풀어야 할 문제로 보는가?

우리는 서로 체중이 증가하거나 감소하는 것을 볼 때 눈치채고 의견을 말합니까? 우리 각자가 그런 말을 듣는 것을 좋아하는지 알고 있습니까?

우리 모두에게 건강한 음식을 선택하고 있습니까?

다른 사람이 체중 감량을 시도할 때 우리 둘 중 하나가 정크 푸드를 집에 가져오나요?

우리는 서로가 우리의 신체 이미지에 대해 어떻게 격려와 지지를 받기를 원하는지 알고 있습니까?

우리는 서로가 자신에 대해 좋게 느끼도록 돕습니까?

우리는 서로가 먹는 것을 통제하려고 합니까?

우리 중 어느 쪽이 신체 또는 체중 문제에 대해 다른 사람이 도움을 받도록 요구합니까?

우리는 다른 사람이 더 노력해야 한다고 암시한 적이 있습니까?

살을 빼거나 하는 데 있어 서로의 어려움에 대해 판단 없이 이야기합니까?

무게를 위한 도구: 숫자일 뿐입니다

현실은 체중이 많은 사람들에게 문제라는 것입니다. 문제는 당신의 연인이 그것에 대해 미치도록 몰아가는가 하는 것입니다. 그렇다면 다음과 같은 접근 방식을 취하십시오. 숫자에 불과합니다. 그 숫자는 오르락 내리락할 수 있습니다. 체중이 부담스럽다면 더 잘 먹고 운동하십시오. 그러나 파트너의 무게가 당신을 귀찮게한다면, 당신은 그들이 자신의 방식으로 그것을 처리하도록해야합니다.

그들이 당신에게 도움이 되고자 하는 경우에만 당신을 지지할 수 있습니다. 그렇지 않으면 발언권이 없으며 어떤 식 으로든 의견을 말해서는 안됩니다. 그것은 침략일 뿐이며 경계를 넘습니다. 그것에서 나올 수있는 좋은 것은 전혀 없습니다.

당신의 파트너의 체중이 당신을 괴롭히는 경우, 당신이 할 수 있는 최악의 일은 체중을 줄이거나 늘리도록 압력을 가하는 것입니다. 그것은 당신의 연인과 파트너십에 스트레스를 더할 것입니다. 그것은 일반적으로 당신이 원하는 것과 반대되는 반응을 얻습니다. 연인이 반란을 일으키거나 문을 닫을 것을 기대하십시오. 당신의 연인이 건강해질 준비가 되었을 때, 그들은 그것을 가능하게 할 수 있는 유일한 사람입니다. 긍정적인 지원만이 접근할 수 있는 유일한 방법입니다. It's Just Number는 여기서 사용하는 사고방식입니다. 즉, 연인이 귀하의 부드러운 지원과 함께 조건과 일정에 따라 작업을 수행할 수 있습니다.

액션 아이템

올바른 선택을 하세요

당신의 연인이 당신의 격려를 필요로 한다면, 연인과 함께 그들의 길을 가십시오. 그들과 함께 운동하십시오. 그들과 함께 건강하게 식사하십시오. 함께 변경하십시오. 파트너십입니다.

건강한 생활 방식의 비결은 의지력을 마스터하는 것입니다. 당신이 통제할 수 있을 때 의지력이 올바른 결정을 내리는 열쇠입니다. 꺼져 있으면 최악의 적이 될 수 있습니다. 예를 들어, 당신은 건강하게 먹는 것을 목표로 삼았지만 일과 가족 문제로 묻혀버렸습니다. 당신의 의지력은 최저점에 이르고 1갤런의 아이스크림을 삼키고 있는 자신을 발견하게 됩니다. 누군가 당신을 막으려 한다면 행운을 빕니다. 의지력은 오르락내리락하며, 하루 중 매 순간 최대화하는 것은 불가능하다는 것을 이해하십시오. 그냥 알아두세요.

당신의 연인이 건강을 원하고 당신의 도움을 요청한다면, 그들을 위해 거기에 있습니다. 그것이 당신이 미쳤지 않은 음식을 먹는 것을 의미한다면 그렇게하십시오. 당신의 연인이 산책을 하고 싶어하고 당신이 달리기를 좋아한다면 그냥 걸으세요. 당신이 그 길의 모든 단계에 있다면, 당신은 그들이 계속 시도하기 쉽게 만듭니다.

당신의 연인이 더 건강하게 먹고 운동하기 위해 적극적으로 노력하고 있지만 결과가 보이지 않는다면 "당신은 정말 멋져요" 또는 "당신이 너무 자랑스럽습니다"와 같은 긍정적인 말을 하는 것이 차이를 만듭니다. 모든 부정적인 의견은 그들을 폐쇄하고 동기를 잃을 것입니다.
연인이 노력할 때 집에 정크 푸드를 가져 가지 마십시오. 당신의 연인이 도넛에 중독되어 있다는 것을 안다면 집에 아침식사로 12개를 가져오는 것은 평범한 일입니다. 당신의 연인이 항상 잘 되지 않는 더 건강한 요리법이나 음식을 시도하고 있다면 그들의 노력에 대해 기뻐하십시오. 그리고 만약 당신의 연인이 당신이 설거지를 시작하거나 아이들이 운동을 할 수 있도록 돌봐줘야 한다면 시작하세요.

건강을 유지하는 것은 평생 프로젝트입니다. 절대 끝나지 않습니다. 좋은 날과 나쁜 날이 있을 것입니다. 폭식을 한 다음 주스를 만들 것입니다. It's just a number, and it can up or down. 괜찮습니다. 숫자에 불과하기 때문입니다. 그리고 연인을 비판할 생각을 하기 전에 거울을 잘 보고 자신이 어떻게 생겼는지 확인하세요. 첫 번째 돌을 던지지 마십시오.

현실은 당신의 연인이 자신이 좋아 보인다고 느낄 때 그들도 자신에 대해 좋게 느끼게 된다는 것입니다. 윈윈하는 상황입니다. 내면의 아름다움을 찾고 항상 아름답게 느끼게 할 수 있다면 It's Just Number를 마스터한 것입니다. 체중계가 말하는 것이 아니라 연인이 누구인지에 대해 연인을 사랑하십시오. 당신의 연인이 불을 켠 상태에서 당신 앞에서 옷을 벗을 수 있을 때 성공했다는 것을 알게 될 것입니다. 그것이 목표입니다.

10장: 관계를 위한 일일 신뢰 도구

경계유지
행동하기전에생각하라

당신을계
속쳐다보는여자와
바람을피우기전에
당신이시작하려는
길을생각해보세요.

경계

사랑의 결핍이 아니라 신뢰의 결핍
그것은 불행한 파트너십을 만듭니다.

100% 신뢰가 될 수 있도록 연인과 사랑과 성실을 최우선으로 하기 시작할 만큼 충분히 불행했던 적이 언제입니까? 반응이 마음에 들지 않아도 솔직할 정도로 거짓말을 해본 적이 언제였나요?

당신은 언제 변명 없이 당신의 말을 지키기 시작할 만큼 충분히 스트레스를 받았습니까? 자신에게 정직하기 시작하고 비참한 관계에 대해 연인을 비난하는 것을 멈출 만큼 충분한 죄책감을 느낀 적이 언제입니까? 파트너십의 미래를 소유하고 더 중요하게는 더 나은 방향으로 바꿀 수 있는 충분한 시간이 언제였습니까?

경계는 건강한 파트너십에 필수적입니다. 그들은 당신이 무엇을 편안하게 생각하고 연인에게 어떻게 대우받기를 원하는지 설정합니다. 경계가 건강한 관계의 거의 모든 측면에서 역할을 한다는 것을 이미 보았습니다. 파트너의 경계를 존중하고 그들이 당신의 경계를 존중하도록 도와주세요. 그러면 당신은 행복한 삶을 살게 될 것입니다. 그것들을 넘어서면 당신은 삶을 필요 이상으로 어렵게 만들고 있습니다. 경계를 설정하고 유지하는 것은 기술입니다. 불행히도 많은 사람들이 배우지 못하는 기술입니다.

경계를 위반하면 파트너의 신뢰에 영향을 미칩니다. 그 위반은 개인의 공간, 가족, 친구, 사생활, 재정, 신념, 건강 상태 등을 존중하지 않는 것과 같이 다양한 형태로 나타납니다. 많은 연인이 서로의 경계 문제를 공개적으로 논의하거나 인정한 적이 없습니다. 그러나 연인이 경계에 대해 어떻게 느끼는지 모른다면 실제로 연인을 모르는 것입니다.

연인을 바꾸거나 외부인을 사용하여 문제를 해결하려는 경우 선을 넘은 것입니다. 위협이나 협박을 사용했다면 선을 넘은 것입니다. 이득을 취하거나 해를 끼쳤다면 선을 넘은 것입니다.

파트너의 물건을 놓고 가는 것이 마음에 들지 않아 이리저리 옮기거나, 묻지도 않고 파트너의 전화, 메일, 이메일을 뒤지는 것은 선을 넘은 것입니다. 연인이 원하지 않을 때 사진을 찍거나 허락 없이 소셜 미디어에 댓글이나 이미지를 게시하면 선을 넘은 것입니다. 묻지 않고 접시를 먹거나 소파에서 평소 자리를 차지하면 경계를 넘은 것입니다.

경계를 넘는 것은 무례함의 표시입니다. 이런 일이 발생하면 그것을 소유하고 "

당신이 옳고 내가 틀렸습니다."라고 말하는 것이 좋습니다.

귀하와 귀하의 연인을 위한 질문

서로가 더 잘 안다고 생각하기 때문에 서로의 물건을 집안 여기저기로 옮기나요?

우리는 집에서 하는 방식, 즉 내 방식이나 당신의 방식이지만 우리 방식이 아닌 방식 때문에 다른 사람에게 무례하다고 느낀 적이 있습니까?

우리 둘 중 하나 또는 둘 다 우리가 아이들의 양육 방식을 통제해야 한다고 생각합니까?

우리 중 하나 또는 둘 다 이야기가 전달되는 방식이나 아이디어가 표현되는 방식을 수정하기 위해 다른 쪽을 방해합니까?

우리 둘 중 하나는 상대방의 친구가 그들에게 좋지 않다고 느끼며 그렇게 말합니까?

우리 중 하나는 다른 사람이 너무 많이 바람둥이 생각합니까?

우리 둘 중 하나는 다른 사람이 친구나 소셜 미디어에서 너무 많은 개인 정보를 공유한다고 생각합니까?

경계를 위한 도구: 행동하기 전에 생각하십시오

경계를 설정하는 것은 건전한 파트너십에 매우 중요합니다. 질문은 당신이 건강한 파트너십을 가지고 있다고 생각합니까? 당신의 연인은 자신의 경계가 존중된다는 것을 알고 모든 것을 공유하는 것을 완전히 편안하게 생각합니까, 아니면 파트너의 경계를 과도하게 공유하고 위반한 이력이 있기 때문에 연인이 당신에게서 물건을 유지하는 것을 발견합니까? 그렇다면 행동하기 전에 생각하십시오.

얼마나 오래 함께 했더라도 연인을 알아가는 것처럼 신선한 사고 방식을 유지하십시오. 당신이 막 만났을 때, 당신은 그들의 경계나 무엇이 그들에게 동기를 부여하는지 전혀 모르고, 그들은 당신의 경계도 모릅니다. 즉, 의사 소통이 필요합니다. 이미 알고 있다고 가정할 수 없습니다. 이 연습은 사랑과 희망을 보여주고 당신이 파트너십에 관심을 갖고 있음을 보여줍니다.

재정적, 지적, 신체적, 감정적 또는 성적인 경계에 대해 메모하는 것으로 시작하십시오. 당신의 연인은 당신을 괴롭힘을 당했다고 느낄 수 있도록 무엇을 할 수 있습니까? 연인에게 자신의 목록을 만들도록 요청한 다음 서로에게 목록을 보여줍니다. 이러한 경계를 알고 계셨습니까? 파트너의 선을 넘는 데 필요한 것이 무엇인지 아십니까? 상호 동의할 수 있는 것과 수용할 수 없는 것을 아는 것이 여기의 목표입니다. 같은 페이지에 도달하기 위한 또 다른 단계입니다.

액션 아이템
올바른 선택을 하세요
행동하기 전에 생각하십시오. 네, 설렘의 눈으로 다른 사람을 바라보는 것은 옳지 않습니다. 그것은 당신의 연인을 다치게합니다.

이제 이러한 경계를 넘었을 때와 연인에게 미친 영향을 생각해 보십시오. 사과했어? 존경스러웠습니까? 피해를 입었다면 타협이나 해결을 할 수 있었나요?

당신이 행동하기 전에 생각하기의 두 번째 부분은 당신이 더 나은 연인이 될 준비가 되었으며 그들의 경계를 더 잘 존중하게 될 것임을 연인에게 알리는 것입니다. 이를 수행하는 한 가지 방법은 감정이나 철학을 전달할 때 "나" 대신 "우리"를 사용하고 "당신은 항상..." 또는 "당신은 절대..."로 시작하지 않는다는 것을 기억하는 것입니다. 최후 통첩. 당신은 적과 협상하지 않습니다. 당신은 항상 연인을 구하고 있습니다.

가족은 관계의 가장자리에서 소용돌이칠 것입니다. 그들이 얼마나 멀리 갈 수 있는지에 대한 경계를 설정하십시오. 각 대가족 구성원에 대한 규칙을 설정하고 연인이 나쁜 사람이 되지 않도록 보호하는 것은 각 연인에게 달려 있습니다. 가족과 경계에 대해 죄책감을 느낀다면 재설정하십시오.

이 규칙은 친구에게도 동일합니다. 친구와 상호 경계를 설정하고 서로의 공간을 존중합니다. 연인이 친구를 보지 못하도록 차단했다면 이제 재설정하고 그것이 정당한 이유를 확인한 다음 해당 경계를 재설정해야 합니다.

목표와 꿈에 관해서는 아무도 상대방에게 영향을 미치지 않는 한 꿈을 추구할 수 없다고 말할 수 없습니다. 그런 일이 발생하면 파트너의 지출이 어디까지 갈 수 있는지에 대해 상호 경계를 설정하십시오. 그들의 꿈이 당신에게 영향을 미치지 않는다면, 그들이 꿈을 꾸도록 내버려 두십시오. 엉뚱한 생각에 그만둔다면 경계를 넘은 것이고 리셋할 때다.

당신과 당신의 연인이 성적 경계를 설정한 적이 없다면, 이 주제를 방문하고 같은 페이지에 있을 때가 될 것입니다. 여기의 규칙은 연인이 원하는 경우 안전하고 안전하며 그러한 경계에 대해 동의하는 범위 내에서 실험을 할 수 있도록 개방해야 한다는 것입니다. 이것은 건강한 대화가 될 수 있으며 양쪽 모두가 행복할 수 있습니다.

전에도 언급했지만 다시 이야기하고 싶습니다. 어떤 형태로든 유혹에 대한 경계를 설정하는 좋은 규칙은 파트너 앞에서 할 수 있다면 괜찮다는 것입니다. 연인이 먼저 방에서 나올 때까지 기다리고 있다면 대답은 아니오입니다. 이미 머릿속에서 무슨 변명을 하고 있든 간에, 당신은 경계를 넘었다는 것을 압니다.

행복하고 건강하며 만족스러운 파트너십을 만드는 가장 중요한 요소 중 하나는 경계를 존중하는 마스터가 되는 것입니다. 그 초과 성취자가 되십시오.

생활양식

태도조정

당신은서로다
른두사람입니다.
 트릭은당신과당
신의파트너가동
기화되도록하는것입니다.

생활 양식

인생은 안전모 지대입니다.

항상 공사중.

대부분의 파트너십은 틀에 박힌 느낌의 단계를 거칠 수 있습니다. 연인은 서로를 사랑하는 지점에 도달할 수도 있지만 더 이상 "사랑에 빠졌다"는 느낌은 들지 않습니다. 시간이 지남에 따라 사람들이 변화하고 성장하고 서로에게 익숙해지면서 발생할 수 있습니다. 연인이 일치하지 않거나 파트너의 관점에 관심이 없으면 문제가 됩니다.

연인은 어디에 살지, 일의 균형을 맞추거나 돈을 쓰는 방법, 여행을 얼마나 갈지, 식사 의식에 탐닉할지, 자녀를 가질지 여부와 몇 명인지에 대해 서로 다른 희망, 신념 또는 아이디어를 갖는 것이 일반적입니다. 목표는 이 세계를 함께 탐색하는 것입니다. 같은 페이지에 있지 않고 모든 것이 한 파트너의 관점에 관한 것이라면 다른 연인은 보이지 않거나 배신감을 느낄 수 있습니다. 그 연인은 정체성, 비전, 꿈의 상실을 느끼며 파트너십을 깨뜨릴 것입니다.

동반자 관계, 호환성, 진정한 사랑, 공유된 역사 및 연인을 안팎으로 아는 것은 사람들이 파트너십에서 가치를 부여하는 것입니다. 이러한 중요한 구성 요소 중 하나 이상이 파트너십에서 변경되거나 누락된 경우 문제가 시작되는 시점이며 반드시 생활 방식의 변화가 있는 것은 아닙니다. 당신의 연인은 여전히 오락과 여행을 좋아하지만 당신은 소파에 앉아 있는 사람이 되었을 수도 있습니다. 당신은 단지 진정하고 싶어. 당신의 연인은 행동을 원합니다. 연인이 원하는 모든 것을 좋아하거나 동의할 필요는 없습니다. 이러한 차이점에 대해 함께 고민하고 이러한 차이점을 해결할 수 있는 솔루션이 있는 한 말입니다. 그러나 차이점이 우월감이나 무례한 태도를 전달하는 부정적인 행동을 하도록 내버려 두지 마십시오.

생활 방식의 차이가 경멸을 불러일으키도록 두지 마십시오. 당신이 이것을 했다면 그것을 소유하고 "당신 말이 맞아, 내가 틀렸어.

귀하와 귀하의 연인을 위한 질문

최고의 라이프스타일에 대한 개인적인 비전이 바뀌었습니까? 우리는 여전히 좋은 삶의 기준에 대해 같은 생각을 하고 있습니까?

우리는 서로의 주위에 있는 것을 좋아합니까?

우리 둘 중 하나는 다른 사람과 시간을 보내는 것을 피합니까? 우리는 어떤 식 으로든 연결이 끊겼습니까?

우리 둘 중 하나 또는 둘 다 다른 하나가 과거의 자신의 어떤 버전이기를 바라는 적이 있습니까?
우리는 지금의 우리보다 과거의 우리가 더 좋아?

우리 둘 중 하나가 우리가 성공하든 실패하든 상관하지 않고 파트너쉽을 포기했다고 생각합니까?
우리 둘 중 하나는 우리가 같은 것을 즐기지 않기 때문에 다른 사람이 너무 많은 시간을 떨어져 보낸다고 생각합니까?

우리는 여전히 함께 즐거운 시간을 보내고 있습니까, 아니면 우리가 우리의 이익을 추구 할 때만 재미를 찾을 수 있습니까?

우리는 서로를 행복하게 하기 위해 올바른 선택을 하고 있다고 생각합니까?

우리는 서로의 변화하는 생활 방식 선택을 받아들일 것을 기대합니까?

우리는 서로의 변화하는 라이프 스타일 선택을 공유하고 싶습니까?

우리는 각자 다른 방식으로 삶을 경험하고 싶어도 공통점을 알고 있습니까?

라이프 스타일에 대한 기대치가 바뀌더라도 우리는 우리가 누구인지 서로를 좋아하고 사랑하는가?

라이프스타일을 위한 도구: 변화

가장 강력한 관계는 두 연인이 서로를 존중할 수 있는 관계입니다. 이전에 들어본 적이 있을 것입니다. 반대되는 사람은 매력을 느끼고, 삶을 바라보는 두 가지 다른 방식을 가진 두 가지 다른 부류의 사람들이 생겨납니다. 당신은 내성적일 수 있고 연인은 외향적일 수 있습니다. 당신은 파티원이고 연인은 책벌레입니다. 당신은 여행을 좋아하고 당신의 연인은 집사람입니다. 연인 관계에서 어떻게 작동합니까? 당신의 게임 계획이 당신의 연인을 그들이 아닌 것으로 바꾸거나 통제하는 것이라면 다시 생각하십시오.

이것이 태도 조정이 필요한 곳입니다. 연인을 바꾸려고 하지 마십시오. 그들이 누구인지 받아들이고 그들의 관점에 관심을 가지십시오. 그들의 생활 방식 선택에 대한 언급으로 그들을 부끄럽게 하지 마십시오. 연인이 무엇을 입고 있는지, 무엇을 먹고 있는지, 또는 공공 장소에 있을 때 항상 모든 사람에게 말하는 방식이 싫다면 아무 말도 하기 전에 자신에게 휴식 시간을 주세요. 더 나은 아직, 아무 말도 하지 마십시오. 그냥 놔둬 그들의 삶입니다. 그들이 적어도 당신과 함께 있게 하고 당신의 부정적인 의견 없이 스스로 결정을 내리도록 하십시오.

태도 조정의 또 다른 구성 요소는 파트너의 차이점에 대한 존경심을 구축하는 데 중점을 두는 것입니다. 차이점에서 칭찬할 점을 찾으십시오. 당신 자신의 행동에서 그 차이를 받아들이고 싶지 않더라도 당신이 그 차이를 포용한다는 것을 연인에게 알려주는 일을 하십시오. 예를 들어, 연인이 감자 튀김을 주문하는 것을 좋아하고 튀긴 음식이 당신을 죽일 것이라고 생각한다면 감자 튀김을 주문하십시오. 아무것도 먹을 필요가 없습니다! 아, 긍정적이지 않다면 댓글을 달지 마세요!

액션 아이템

타

뒤로 물러나 연인과 문제를 해결하는 방법을 평가하십시오. 다음에 논쟁을 벌이게 되면, 잠시 멈추고, 타협하고, 그냥 내버려 두십시오.

태도 조정은 당신의 감정을 억제하고 "나는 당신보다 낫지 않다", "나는 당신을 통제하려 하지 않는다", "나는 당신을 바꾸려고 하지 않는다"라고 말한다. "나는 당신이 있는 그대로를 사랑합니다."라고 말합니다. 성가신 행동이 너무 많이 발생하여 문제가 있는 경우 더 나은 선택을 하는 데 필요한 모든 정보를 침착하게 전달하여 문제를 바꾼 다음 그대로 두십시오.

내 연인은 "당신이 먼저 선택하면 내가 선택합니다."라는 말이 있습니다. 나는 내 선택을 하지만 파트너의 관점에서 내 선택을 재평가하기도 합니다. 현실은 내 연인이 내가 하는 일에 불편함을 느낀다면 그 감정에 대한 권리가 있다는 것입니다. 그것을 존중하는 것이 훌륭한 파트너로서의 제일입니다. 그래서 나는 내 선택을 다시 평가하고 그것이 나에게 중요한지 자문합니다. 대부분의 경우 대답은 아니오이므로 통과합니다. 전투를 잘 선택하면 승리합니다.

두번째추측

생각하고말하지마십시오

두 번째 추측

내 인생에서 옳은 일을 했다면
당신을 선택하는 것이었습니다.

파트너의 일상적인 결정과 선택을 추측합니까? 이러한 암시는 파트너십을 방어적으로 만들 수 있는 신뢰 및 제어 문제의 부족을 나타냅니다. 연인이 특정 상황을 어떻게 처리하는지 궁금하십니까? 당신은 당신의 다른 의견을 표명하지만 당신의 연인이 어쨌든 자신의 방식으로 행동하는 것을 지켜보고 있습니까?

파트너의 결정을 두 번째 추측하는 데 얼마나 많은 신뢰가 작용하는지 과소평가하지 마십시오. 연인과 관계에 대한 자신감을 가지면 관계의 다른 부분이 성장할 수 있습니다. 그것이 없으면 파트너에 대한 믿음을 잃고 필요할 때 정서적 지원을 제공하지 않는 것은 완전히 자연스러운 일입니다.

연인과 확실한 결정을 내릴 때 서로를 차단하지 않는 것이 중요합니다. 원하는 결과 옆에 있는 테이블에는 어떤 옵션이 있습니까? 연인이 달성하기를 원하는 결과는 무엇입니까? 연인을 추측하기 전에 모든 문제를 해결해야 합니다.

자신의 감정에 대해 말하지 않거나 의사 결정에 참여하지 않으면 결정을 내리거나 중요한 결정을 내리기 위해 연인이 분개하게 될 수 있습니다.

두 번째 추측은 타협의 부족에 관한 것입니다. 이런 일이 발생하면 그것을 소유하고 "당신 말이 맞아, 내가 틀렸어"라고 말하는 것이 좋습니다.

귀하와 귀하의 연인을 위한 질문

우리는 자주 서로를 추측합니까?

우리가 서로를 추측할 때 그것이 우리 관계에 도움이 될까요?

결정을 내리기 전에 충분한 대화를 나누지 않았기 때문에 서로를 추측합니까?

우리가 책임이 없는 일에 대해 질문할 때 서로의 일에 코를 박고 있는 것처럼 느껴지나요?

우리는 각자 다른 사람의 일이나 취미에 대해 의견을 말할 권리가 있다고 생각합니까?

우리 각자는 서로의 가족에 대해 의견을 가질 권리가 있다고 생각합니까?

우리가 두 번째 추측되면 우리 중 하나 또는 둘 다 다른 쪽을 종료합니까?

다른 사람이 결정을 추측할 때 우리 둘 중 하나 또는 둘 다 마음이 상합니까?

우리 둘 중 하나가 서로를 추측하는 데 너무 지나치나요?

두 번째 추측을 위한 도구: 생각하고 말하지 마십시오

결점을 포함하여 누군가를 너무 잘 알 때(우리 모두는 그런 점을 가지고 있습니다) 추측하는 것이 제2의 천성이 됩니다. 그것은 우리가 인정하고 싶은 것보다 더 많이 발생합니다. 파트너에 대한 내부 정보를 알고 있는 것과 같으며 때때로 불공정할 수 있습니다. 당신이 말하거나 행동하는 모든 것이 당신 집의 법정에서 당신에게 불리하게 사용될 것입니다.

생각하고 말하지 마세요 우리는 항상 수정하고 변경할 수 있기 때문에 잘못된 결정이 없다고 말합니다. 연인이 연인 관계의 건강을 위한 최선의 결정이라고 생각하는 것을 하지 않을 때 괜찮습니다. 당신의 연인을 의심하는 것을 멈추고 더 조화를 이루기 위해 노력하십시오.

당신의 연인이 비판 없이 결정을 내릴 수 있도록 주고 받는 전략을 채택하십시오. 이것이 일어날 수 있는 유일한 방법은 소통과 타협을 통해서입니다. 당신이 동의하지 않더라도 연인이 자신의 방식대로 하도록 하십시오. 당신이 그것을 말하지 않는다 생각한다면, 당신은 결과에 놀랄 것입니다. 그것이 최선으로 작동하지 않으면 미래 상황에 대한 제안을하고 계속 진행하십시오.

액션 아이템
의사 소통하다
연인이 다음 주요 결정을 내리도록 하십시오. 질문이나 판단 없이 그들이 해내도록 내버려 두십시오.

연인이 결정을 내리는 이유를 알면 인생이 더 쉬워질 수 있습니다. 물어보기만 하면 됩니다. 그것을 밖으로 말하는 것이 비판 없이 연인과 동의하거나 동의하지 않는 열쇠입니다. 현실은 파트너십으로서 당신은 논쟁이나 내 행동에 대해 감히 의심하는 것과 유사한 어떤 것에 의지하지 않고 서로를 이해하고 지원할 수 있어야 합니다. 이러한 오해는 잘못된 의사 소통에서 비롯됩니다. 당신이 안다고 생각하는 것과 연인이 생각하는 것에 대해 성급하게 결론을 내리면 결국 불행에 빠지게 됩니다. 당신은 마인드 리더가 아닙니다. 질문하세요!

변화는 점진적으로 일어난다는 것을 기억하는 것이 중요합니다. 이러한 대화를 나누고 함께 의사 결정을 처리하는 방법에 대해 합의한 후에는 주고받기 전략을 갖게 됩니다. 시작하기에 좋은 출발점입니다. 서로의 방이 엉망이 되도록 하고 연인이 계속해서 잘못된 결정을 내리고 있다는 생각을 즐겁게 하지 마십시오. 거기에는 힘이 없습니다. 대신 연인이 합의한 대로 상황을 처리해야 한다고 상기시키십시오.

Think It Don't Say It의 일부는 당신이 틀릴 수도 있다는 것을 기억하기 위한 것입니다. 당신의 연인이 자신을 신뢰하지 않는 데서 비롯될 수 있다는 두 번째 추측을 고려하십시오. 나는 내 연인이 특정 결정에 대한 사고 과정에서 벗어나 있고 내 접근 방식이 유일하게 올바른 접근 방식이라고 생각했지만 질문을 시작했을 때 연인은 이전에 생각하지 못한 방식으로 이해했습니다. 나는 그것을 처리하는 방법이 아니었지만, 나는 단지 뒤로 물러나 그들의 제안을 따르기로 결정했습니다. 이제는 파트너의 결정을 존중하는 습관을 들이고 있습니다. 그냥 내버려두고 그들과 함께 실행해야합니다.
당신에게 모든 답이 있다고 생각하는 것은 인간의 본성입니다. 당신의 길만이 유일한 길입니다. 그러나 때로는 연인이 더 나은 방법을 가질 수 있습니다. 당신이 그들에게 그것을 허용한다고 가정하십시오. 당신의 의견을 강요하지 마십시오. 그냥 그들과 함께 가십시오. 그들이 틀렸다면 그들을 판단하거나 전에 한 번도 실수하지 않은 것처럼 얼굴을 문지르지 마십시오. 생각하고 말하지 않는 습관을 들이십시오.

스스로에게 물어보세요. 다시 해야 한다면 어떻게 다르게 하시겠습니까? "네가 옳다, 내가 틀리다"라고 말하는 것만으로도 은혜 같은 것이 있습니다.

거짓말

당신의 연인을 망치는 사람이 되십시오.
마스카라가 아닌 립스틱.

흰색 거짓말은 가죽을 보호하기 위해 사용하면 위험해집니다. 작은 거짓말이 어떻게 그렇게 손에서 벗어날 수 있는지 상상하기 어렵지만 가능합니다. 작은 흰색 거짓말의 문제는 연인이 놓친 다른 거짓말에 대해 생각하기 시작할 수 있다는 것입니다.

거짓말로 인해 종종 간과되는 결과는 파트너의 신뢰가 무너지는 것입니다. 그들이 과거에 거짓말을 하지 않았다는 것은 아닙니다. 그것은 그들이 당신에게 속았다는 것입니다. 당신은 그들의 인생에서 그들이 의지할 수 있는 유일한 사람이어야 합니다. 그들은 이제 배신감과 분노를 느낍니다. 이제 그들의 눈이 크게 뜨였으므로 그들이 놓친 다른 것을 보기 위해 과거를 다시 방문하는 것은 인간뿐입니다. 의심의 그물망에서 그들은 어리석고 굴욕감을 느끼지 않을 수 없습니다.

귀하의 파트너십이 이제 모든 곳에서 배신 문제를 겪고 있음을 이해하십시오. 거짓말과 믿음은 쉽게 공존할 수 없습니다. 거짓말은 결국 자신감을 산산조각낼 것입니다.

연인이 선의의 거짓말을 처음 발견하면 신뢰가 다시 쌓일 때까지 당신이 말하거나 행동하는 모든 것에 의문을 제기할 것이라는 사실을 이해하는 것은 어렵지 않습니다. 언제 집에 들어 오니? 어디 갔어? 당신을했다 사람? 뭐 했어? 당신이 없을 때 당신의 연인이 당신의 문자 메시지나 이메일을 보는 것을 포착할 수도 있습니다. 거짓말을 하다 적발되어 사생활을 잃어버렸다는 사실을 이해해야 합니다. 당신 외에는 탓할 사람이 없습니다.

거짓말을 많이 할수록 연인은 자신을 더 많이 보호할 것입니다. 그들은 당신이 통과할 방법이 없을 때까지 그 벽에 또 다른 벽돌을 추가할 것입니다.

하얀 거짓말은 파트너 사이에 벽을 만들 수 있습니다. 이런 일이 발생하면 그것을 소유하고 "당신이 옳다, 내가 틀렸다"라고 말하는 것이 좋습니다.

귀하와 귀하의 연인을 위한 질문

의견 불일치나 갈등을 피하기 위해 서로 거짓말을 한 적이 있습니까?

서로의 기분을 상하게 하지 않으려고 선의의 거짓말을 한 적이 있나요? 언제 괜찮아?

우리 둘 중 하나 또는 둘 다 상대방에게 가장 좋은 이익이 있다고 생각하기 때문에 거짓말을 한 적이 있습니까?

우리는 서로를 보호하기 위해 거짓말을 한 적이 있습니까? 언제 괜찮아?

우리 중 하나 또는 둘 다 우리가 한 일을 부끄러워해서 거짓말을 한 적이 있습니까?

우리 중 한 사람이 자신의 행동을 설명하거나 정당화하고 싶지 않기 때문에 거짓말을 한 적이 있습니까?

진실을 말하는 것보다 쉽기 때문에 거짓말을 한 적이 있습니까?

우리 둘 중 하나 또는 둘 다 통제를 유지하기 위해 거짓말을 한 적이 있습니까?

서로 실망시키지 않으려고 거짓말을 한 적이 있나요?

우리의 순백의 거짓말이 더 심각한 거짓말로 눈덩이처럼 불어날 때가 있습니까?

다른 사람들은 우리 중 하나 또는 둘 다 우리가 거짓말을 하고 있지 않을 때 거짓말을 한다고 생각합니까?

진실을 말하고 싶어도 둘 중 하나 또는 둘 다 거짓말을 합니까?

거짓말을 위한 도구: 정직

오! 그 무해한 작은 하얀 거짓말. Fibbing은 우리의 DNA에 있습니다. 당신은 우리가 원하고 결코 거부되지 않은 것을 얻기 위해 어린 시절 우리가 마스터 한 그 작은 것들을 알고 있습니다.

엄마가 숙제를 끝내고 나가서 놀아도 된다고 했을 때, 당신은 "내 숙제 다 했어!"라고 대답했다. 그렇지 않았다. 그리고 나서 당신이 연인에게 도박을 끝냈다고 말했는데도 우리는 나이가 들어서 남은 현금을 모아 게임에 내기를 걸었습니다. "나는 담배를 끊었다. 이것이 나의 마지막 담배다!" 당신은 스트레스가 많은 하루를 보내고 당신의 약속과 함께 당신의 의지력을 창밖으로 가져갈 때까지 말하고 의미합니다. 그럴 때 약간의 정직이 필요합니다.

기술로서의 정직은 두 가지를 말해줍니다. 하겠다고 말한 대로 하고 준비가 안 된 일에 전념하지 마세요. 그것은 당신이 가질 수 있는 모든 개인적인 생각을 공개해야 한다고 말하는 것은 아닙니다. 당신은 당신의 믿음에 대해 비밀로 할 수 있지만 당신의 파트너십에 영향을 미치는 행동은 할 수 없습니다.

액션 아이템
질문하세요
당신은 그것을 소유할 수 있습니까? 다음 번에 그 쓰레기를 처리하고 싶지 않다면 그냥 정직하게 거짓말을 하고 고결함을 유지하십시오.

선을 넘었을 때 어떻게 말하는지 아십니까? 그것은 당신이 당신의 거짓말을 정당화하고 그것을 비밀로 유지하기 위해 극단적 인 자신을 발견 할 때입니다. 당신이 그것을 할 때 그것이 잘못되었다는 것을 느낄 수도 있습니다.

정기적으로 회사에 늦게 나타날 때 무슨 일이 일어나는지 맞춰보세요. 그들은 당신을 믿을 수 없기 때문에 당신을 해고합니다. 연인에게 특정 시간에 올 거라고 말했는데 늦었다고 해서 리밍을 받았을 때도 마찬가지입니다. 왜요? 그들은 당신을 신뢰하거나 믿을 수 없기 때문입니다. 당신은 전에 그것을 들었습니다. 당신의 연인은 당신을 믿을 수 없다고 말했습니다. 왜냐하면...

외교는 선의의 거짓말이 아니다. 외교를 통해 파트너의 웰빙을 보호하기 위해 개인적인 질문에 답하는 것은 괜찮습니다. 연인이 연설 이벤트를 위해 무대에 오르기 직전에 어떻게 생겼는지 묻는다고 가정해 보겠습니다. 무슨 일이 있어도 "당신은 정말 멋져요!"라고 말합니다. 다른 말은 파트너의 성과를 방해할 수 있기 때문입니다. 나중에 옷을 조정하는 방법을 알려 줄 수 있지만, 그들의 웰빙에는 하얀 거짓말이 중요했습니다. 따라서 신중하게 정직함을 사용하십시오. 그들은 당신이 언제 그들을 보호하고 있으며 당신이 그들의 최선의 이익을 염두에 두고 있다는 것을 알고 있습니다. 당신은 친절하게 정직할 수 있습니다.

거짓말을 하면 스트레스 수치가 곧장 올라간다. 당신은 거짓말을 할 때 자신을 덜 좋아합니다. 부정직은 자신이 되는 것을 방해합니다.

궁극적인 해결책: 당신이 옳다, 내가 틀렸다

연인을 되찾기 위해 고군분투하는 자신을 발견하는 어떤 상황에서도 항상 궁극적인 해결책을 꺼낼 수 있습니다. 그것은 당신이 그들과 같은 페이지에 있지 않다는 것을 당신의 연인에게 알리고 당신이 그것을 더 좋게 만들기 위해 기꺼이 노력한다는 것을 알리기 위해 고안되었습니다. 현실은 관계가 작동하는 데 두 가지가 필요하며 연인이 그것을 얻습니다. 그러나 화목제물로 오는 것은 결코 아프지 않으며 "네 말이 옳다 내가 틀리다"고 말하는 것이 바로 그 제사입니다.

실수를 했다면 책임을 지고 책임을 전가하지 말고 책임을 져야 합니다. 실수를 숨기려고 하거나 일어난 적이 없는 척 하지 마십시오. 과거는 바꿀 수 없지만 미래의 실수는 피할 수 있습니다. 그것은 당신의 실수로부터 배우는 문제입니다. 그것을 소유하고 "당신이 옳고 내가 틀렸습니다."라고 말하십시오.

실수가 처음에는 파트너십을 해치지 않습니다. 실수를 인정하지 않거나 방어적이 되어 정당화하지 않으면 문제가 됩니다. 이러한 행동은 적개심과 신뢰 부족을 만듭니다. 연인 관계를 다시 구축할 준비가 되었다면 "네 말이 맞아, 내가 틀렸어"라고 말하고 치유 과정을 시작하세요.

액션 아이템

당신이 맞아, 내가 틀렸어

이 관계를 현재 위치에 두는 잘못된 결정에 대해 다시 생각해 보십시오. 이제 그것을 소유하고 연인을 살펴보고 "당신이 옳다고 말하십시오. 같은 페이지에 있지 않은 것이 틀렸습니다. 하지만 지금은 달라집니다."

이 기술을 소유하고 실패한 관계의 과정을 바꿀 수 있는 힘이 있음을 이해하십시오. 행복한 동반자 관계로 살기로 선택할 수 있습니다. 화를 내며 말을 하지 않는 연인과 함께 집에서 살고 싶습니까? 바람에 휘날리며 마치 존재하지 않는 것처럼 화를 내며 하루를 보내고 싶습니까? 당신도 알고 나도 알아요.

그러니 여기에서 더 큰 사람이 "당신 말이 맞아, 내가 틀렸어"라고 말하고 같은 입장이 아닌 것에 대해 사과하십시오. 그런 다음 과거의 행동을 재고하고 새로운 선택이 그 말에 생명을 불어넣도록 하십시오. 이 책의 기술과 통찰력을 사용하고 관계를 재설정하십시오. 장점은 당신의 삶과 당신의 삶의 사랑을 되찾는 것입니다. 처음, 마지막 그리고 항상: 사랑이 승

리합니다.

보너스
연인에게 절대 해서는 안되는 말
너 미쳤어?
너 그거 입고 있어?
진정해!
"화내지 마. 농담이야!"
잘못 받아들이지 마, 하지만...
넘어!
저에게 공간을 주세요!
서둘러요!
난 너가 싫어!
난 상관없어.
내가 말했지...
싫으면 나가!
나중에 할게.
끝났어.
너와는 상관 없어!
네 잘못이야!
좀 피곤해 보이는구나.
다이어트를 하셔야 합니다.
넌 내가 원하는 걸 하게 두지 않았어.
당신은 나에게 우리 어머니를 생각 나게합니다.
"도움을 청했어야 했어."
당신은 이해하지 못할 것입니다.
너 짜증나.
질문을 많이 하시네요.
웃기고 있잖아!
넌 내 말을 안 듣고 있어.
네가 틀렸어.
안심하다.
닥쳐!
울음을 멈출!
잔소리 그만해!
그만 말!
그건 내 일이 아니야.
너 오늘 하루 동안 뭐 했니?
지금 무슨 일이야?
왜 화났어?

연인에게 더 자주 말해야 할 단어

사랑해.
보고 싶어요.
난 네가 필요해.
죄송합니다.
당신을 믿습니다.
너와있는 걸 너무 좋아해.
나는 당신이 나를 돌보는 방식을 좋아합니다.
나는 당신에게 키스하는 것을 좋아합니다.
"나는 우리의 여행을 사랑합니다."
나는 우리가 함께 만든 삶을 사랑합니다.
나는 당신이 자신을 운반하는 방식을 좋아합니다.
당신은 단순히 아름답다고 생각합니다.
다시 할 텐데.
설거지는 내가 할게.
나는 당신에 대해 미쳤다고!
나는 너와있어서 행복하다.
당신이 내 인생에 있어서 정말 기뻐요.
난 당신과 사랑에 빠졌어요.
당신이 자랑스럽습니다.
이거 가지고 있어.
내가 너를 가졌어.
당신은 나에게 전부에요.
당신은 내 안의 최고를 끌어냅니다.
당신이 이것을 얻었습니다.
당신은 멋져 보여요!
당신은 삶을 쉽게 만듭니다.
당신은 내가 더 나은 사람이 되고 싶게 만듭니다.
당신은 훌륭합니다.
당신은 훌륭합니다!
너는 내 가장 친한 친구 야.
넌 너무 아름다워.
당신은 최고예요!
당신은 나에게 일어난 최고의 일입니다.
네가 옳아.

어떻게 생각하나요?
더 많은 준비가 되셨습니까?

온라인 통합 문서에서 16가지 추가 도구 받기
http://www.당신은옳고내가틀리다.kr

균형

가족: 파트너 우선
건강: 소유
아이들: 세상에
환기: 10분

평등

갈등 피하기: 공평한 경쟁
무례: 왜
목소리를 가짐: 그냥 들어라
이기심: 우리

보안

재정: 협력적 행동
질투: 그냥 틀렸어
조작: 중지
지원: 확인

신뢰하다

무결성: 진실을 유지
친밀도: 열정
관계 역학: 소유권 획득
기술: 오픈 북

온라인 통합 문서에서 수하물 문제에 대해 자세히 알아보고 16가지 도구를 얻으십시오.

수하물은 우리 모두가 가지고 다니는 복잡한 문제입니다. 그들은 쉽게 고칠 수 없지만 무시할 수는 없습니다. 더 많은 수하물을 제거할수록 더 건강한 파트너십이 될 수 있습니다. 온라인에는 관계의 힘을 위협하는 짐을 제거하는 데 도움이 되는 16가지 도구가 있습니다.

균형

중독: 의지력
우울증: 진짜야
트라우마: 나는 당신을 얻었다
원함 vs. 필요 사항: 확인하세요

평등

상호 의존성: 잘못된 프로그래밍
약속: 아이덴티티
점수 유지: 팀워크
분노: 용서

보안

학대: 해골
용서: 버튼을 누르지 마십시오
숨겨진 재정: 재정적 부정
자존감: 기대

신뢰하다

포기: 아이 장갑
속임수: 아파요
더블 라이프: WTF
정서적으로 단절된 상태: 재투자

당신은 옳고, 내가 틀리다

아래 QR코드
온라인 플랫폼으로 이동합니다.
온라인 플랫폼에 로그온할 때
다음에 액세스할 수 있습니다.
추가 도구가 포함된 통합 문서
수업, 팁 및 예
동기 부여 커플 조언

http://www.당신은옳고내가틀리다.kr
www.artandliving.com

당신은 옳고, 내가 틀리다
연인과 일치하는 일상적인 선택을 하는 것이 전
부입니다.
이 책은
멋진 삶과 놀라운 파트너십

저자소개

있다
언제나
희망
곤잘로

CPSIA information can be obtained
at www.ICGtesting.com
Printed in the USA
BVHW012309040123
655621BV00027B/290